キャリア
コンサルティング
スキル 100

キャリコンシーオー
津田 裕子／奥田 裕子

はじめに

　本書は、キャリアコンサルティングの面談場面で役立つスキルをご紹介するものです。

　キャリアコンサルティングにおいては、例えばシステマティックアプローチのような面談を円滑に進めるためのアプローチ方法があり、その中には「関係構築（構築した関係の維持も含む）」、「問題把握」、「目標設定」、「方策の実行」といったプロセスがあります。そして、このプロセスに則り、構造的に面談を進めていくことが求められています。このようなアプローチ方法やその中にあるプロセスについては、すでに養成講座や資格試験対策などで学び、十分に理解している方も多いと思います。

　しかし、一方で、これらのプロセスの中で、具体的にどのようにして面談を進めていけばよいのか、目の前にいる相談者にどのように対応すればよいのか、といった具体的な面談スキル、相談者への対応スキルまで学ぶことは少ないのではないでしょうか。特に、面談のどのような場面で、どのようなスキルが必要（効果的）なのか、また、そして、それはなぜなのか、などといったことを学ぶ機会はあまりないと思います。

　つまり、面談の大きな枠組みはわかっているけれども、その中で相談者との一つひとつのやり取りをどのように進めていけばよいのかといったことが、具体的にはわからない状態にあるのです。

　そのため、「プロセスはわかっているのに、面談を思うように進められない」、「相談者からの応答にうまく対応できない」、などといった悩みを抱えてしまったりします。そして、ロールプレイの練習の場で指摘されたことや動画などで見たやり取りを断片的（それらの背景

にある根拠などを理解しないまま）に理解して、「とにかくこんな風に言えばいいんだ」、「必ずこのように言わなければいけない」、などとマニュアル的に取り入れてしまい、それをどの場面、どの相談者にも当てはめて、同じように対応しようとしてしまう。その結果として、「言われた（見た）通りにやったのに、なぜかうまく対応できなかった」といった悩みを抱えてしまう方もいらっしゃると思います。

　もちろん、さまざまな面談スキルや対応スキルを知ることは、キャリアコンサルタントとしての能力向上を図り、キャリアコンサルティングを円滑に進める上で役に立つことではあります。ただ、どのスキルにもそれが効果を発揮する状況やタイミングなどがあります。それを外してしまうと、期待した効果を発揮できないどころか、かえってマイナスになってしまうことすらあります。

　そこで本書では、キャリアコンサルティングにおいて有効と考えられるスキルについて、「いつ（どのプロセス、どのような場面で)」、「どのようなスキルを」、「どのように」用いればよいのか、そして、その「根拠」も含めてご紹介していきます。これらを理解した上でスキルを活用すれば、面談の各場面で相談者に対してより適切な対応ができるようになり、ひいては、面談プロセスを適切に進めることができ、相談者に対してより価値のあるキャリアコンサルティングを提供できることにつながると考えます。

　本書は、現場でキャリアコンサルティングを実践されている方々にとっては、実務の場ですぐに活かせる「実用書」となり、各資格試験の受験者や受験を検討している方々にとっては、面接試験における「意

識すべき点」や「必要な所作・対応・心構え」を学び、合格の近道を示す良きガイドとなります。また、キャリアコンサルタントを育成したり、受験者を合格に導いたりする立場の講師の方々にとっては、実践的な指導書としても役立つものだと考えます。

令和6年10月
津田 裕子

もくじ

第1章 キャリアコンサルティング面談とは

◎ キャリアコンサルティング面談とは……………………10

第2章 関係構築

スキル1	まずは素直に問いかけてみる① ……………………17
スキル2	まずは素直に問いかけてみる② ……………………19
スキル3	あいさつは関係構築の第一歩 ………………………21
スキル4	相談者の頭の中に焦点を当てる① ……………………23
スキル5	相談者の頭の中に焦点を当てる② ……………………25
スキル6	相談者のキーワードに目を向ける …………………27
スキル7	オープンな質問を意識する …………………………29
スキル8	疑問形を使って相談者の言葉を促す ………………30
スキル9	感情の言葉が出ない相談者への対応 ………………31
スキル10	相談者の気持ちを勝手に決めつけない ……………33
スキル11	相談者になかなか共感できないときには …………35
スキル12	質問する前に、受け止める …………………………37
スキル13	「伝え返し」と「復唱」の違いを理解する …………38
スキル14	「伝え返し」、「要約」のコツ …………………………40
スキル15	言い換えの技法について ……………………………41

スキル16	勝手に相談者の言葉を変えない	42
スキル17	「ほめる」と「認める」	43
スキル18	「否定しない」とはどういうことか	44
スキル19	「よりそう」とはどういうことか	46
スキル20	「待つ」ことは大事	48
スキル21	表情にも気を配る	50
スキル22	相談者の話す言葉よりも非言語を優先する	51
スキル23	話してくれない相談者への対応	52
スキル24	2種類の沈黙と、その見分け方	53
スキル25	小さな抵抗を見逃さない	55
スキル26	「わからない」と言う相談者への対応①	56
スキル27	「わからない」と言う相談者への対応②	58
スキル28	「わからない」と言う相談者への対応③	60
スキル29	面談の進め方について	61
スキル30	オープンクエスチョンのバリエーションを多く持つ	63
スキル31	「それがわからないから相談に来ているんです」と言われたら	65
スキル32	「あなたに何がわかるんですか？」と言われたら	67
スキル33	相談者に間違いを指摘されたときの対処法	68
スキル34	傾聴ができているかどうかの判断基準	70
スキル35	相談者の強い言葉（特徴的な言葉）に注目する	71
スキル36	キャリアコンサルタントの考えや思いは、どうでもよい	73
スキル37	関係は維持することも大事	75

第3章　問題把握

スキル38	堂々巡りから抜け出すには	79
スキル39	まずは「本人」の話を聞く	81

スキル40	:「本質を突いた質問」とは ………………………… 83
スキル41	:「どうして〜?」と聞いていませんか? ………………… 85
スキル42	:「見立て」の練習方法 ………………………………… 87
スキル43	:見立てについて① ……………………………………… 89
スキル44	:見立てについて② ……………………………………… 90
スキル45	:相談者に確認しながら進める………………………… 91
スキル46	:「思い込み」とは何か ………………………………… 93
スキル47	:わかったつもりにならない…………………………… 95
スキル48	:相談者から何度も出てくる言葉を捉える……………… 97
スキル49	:ギャップを知る………………………………………… 98
スキル50	:「○○には相談しましたか?」はイマイチな質問 …… 100
スキル51	:「AかBどちらかで迷っています」と言われたら① … 102
スキル52	:「AとBどちらかで迷っています」と言われたら② … 104
スキル53	:「やりがい」について …………………………………… 106
スキル54	:アドバイスを求められたときの対応………………… 108
スキル55	:たくさんの問題を訴えてくる相談者への対応………… 110
スキル56	:聞きづらい話題への対応……………………………… 112
スキル57	:知らない仕事への対応………………………………… 114
スキル58	:問題の背景にあるものを考える……………………… 116
スキル59	:問題は把握するだけではない………………………… 117
スキル60	:話の流れがブレないためのコツ……………………… 119

第4章　具体的展開（目標、方策）

スキル61	:解決志向から抜け出すコツ…………………………… 123
スキル62	:展開のためにも傾聴、ラポールは大切……………… 124
スキル63	:気づきを与えることについて① ……………………… 126
スキル64	:気づきを与えることについて② ……………………… 128

スキル65	気づきを促す質問のコツ……………………………… 130
スキル66	立場を入れ替えて考える………………………………… 132
スキル67	未来を想像する…………………………………………… 133
スキル68	何かと何かを比較する…………………………………… 134
スキル69	相談者が「ねばならない思考」をしているときの対応 … 135
スキル70	「何をしたらいいですか？」と聞かれたら ………… 137
スキル71	目標の距離感について…………………………………… 139
スキル72	方策は１つずつ着実に…………………………………… 140
スキル73	方策の意味を伝える……………………………………… 141
スキル74	相談者が提案を受け入れないときの対応①………… 143
スキル75	相談者が提案を受け入れないときの対応②………… 145
スキル76	相談者が提案を受け入れないときの対応③………… 147
スキル77	大切なのは「相談者のためになるか」………………… 149

第5章 試験対策

スキル78	試験に役立つ！　システマティックアプローチ ………… 153
スキル79	事例について思い込まない（技）……………………… 155
スキル80	相談者の声が聞き取りづらいときの対応…………… 157
スキル81	「どうして知っているんですか？」と言われたとき の対応……………………………………………………… 159
スキル82	要約について……………………………………………… 161
スキル83	相談者の言葉への対応………………………………… 163
スキル84	主訴の捉え方……………………………………………… 165
スキル85	「見立ての型」について ………………………………… 166
スキル86	具体的展開力を引き上げるコツ（技）……………… 168
スキル87	口頭試問について……………………………………… 170
スキル88	口頭試問でのイレギュラーな質問への対応………… 172

スキル89	：	口頭試問を文章化してみる………………………………	174
スキル90	：	ロールプレイが15分（20分）もたないときの練習法…	176
スキル91	：	フィードバックに迷ったら………………………………	178
スキル92	：	評価区分「態度」（協議会）……………………………	180
スキル93	：	評価区分「展開」（協議会）……………………………	182
スキル94	：	評価区分「自己評価」（協議会）………………………	183
スキル95	：	評価区分「主訴・問題の把握」（JCDA）……………	184
スキル96	：	評価区分「具体的展開」（JCDA）……………………	185
スキル97	：	評価区分「傾聴」（JCDA）……………………………	186
スキル98	：	評価区分「振り返り」（JCDA）………………………	187
スキル99	：	評価区分「将来展望」（JCDA）………………………	189
スキル100	：	やり方も大事、あり方も大事 …………………………	191

第1章

キャリアコンサルティング面談とは

◎ キャリアコンサルティング面談とは

　具体的なスキルの話に入る前に、キャリアコンサルティングというものについて再度確認しておきたいと思います。

　まず、キャリアコンサルティングとは、「労働者の職業の選択、職業生活設計又は職業能力の開発及び向上に関する相談に応じ、助言及び指導を行うこと」です。そして、この支援のプロセスはもっぱら「面談」、つまり、相談者とキャリアコンサルタントの対話を通して行われます。

　キャリアコンサルティングの面談は目的を持った面談です。まずは、目的を理解して進めることが必要です。その目的とは、上記の通り、「労働者の職業の選択、職業生活設計又は職業能力の開発及び向上に関する相談に応じ、助言及び指導を行うこと」です。つまり、他愛もないおしゃべりでもないし、心理的なセラピーなどでもありません。**キャリアコンサルティングの目的を意識することは、方向性を定めて面談に臨むことにつながります。**

　また、キャリアコンサルティングの目的を達成するためには、面談も目的に合った一定の手順、プロセスに則って進めていく必要があります。行き当たりばったりの対応では、安定的にキャリアコンサルティングの目的を達成すること、つまり、相談者の役に立つことができなくなってしまうからです。

　例えば、熟練レベルのキャリアコンサルタントとしての力量を問う試験である2級キャリアコンサルティング技能検定の「実技（面接）試験実施概要」には、面談の進め方について以下のような指示があります。

面接を進めるにあたって、キャリアコンサルタントのあり方は自由ですが、相談者との関係構築、相談者の抱えている問題、その問題に対する目標設定など、具体的展開につながるような応答、プロセスを心がけてください。

　ここでも、目的に合った一定の手順、プロセスを意識して面接を進めることが求められています。つまり、「関係構築」、「問題の把握」、「具体的展開（目標設定、方策の実行）」というプロセスに沿って面接を進めていく必要があるのです。

　具体的には、まずは関係構築で相談者が安心して話せる環境を提供します。次に、相談者の話を伺う中で、相談者が訴えている問題を捉える。同時にキャリアコンサルタントとして、相談者の気づいていない問題を見立てます。そして、これらの問題を踏まえて、問題への対処として、目標を定め、それを実現するための方策を見出して、解決に向かっていくというプロセスです。

　これらを整理すると次の図のようになります。

■面談のプロセス

基本的態度 関係構築	問題把握	具体的展開
関係構築	相談者視点の問題把握 （何に困って相談したいか） キャリアコンサルタント 視点の問題把握 （キャリアコンサルタントの見立て）	目標・方策 （問題に対する具体的な対処行動と その結果としての行動、内面の変化）
関係維持		

第1章　キャリアコンサルティング面談とは　　11

図中の「関係構築（関係維持を含む）」、「問題把握（相談者視点・キャリアコンサルタント視点）」、「目標設定」、「方策の実行」、というプロセスについては、国家資格試験や技能検定などでも面談を進めていく基本的なプロセスとして、ご存知の方も多いと思います。

　そして、「そうか、このプロセスに沿って相談者と話を進めていけばいいんだな」と理解した上で、そのプロセスに沿って面談に臨まれていることでしょう。しかし、その一方で、実際に相談者と面談を進めてみると、なかなかプロセス通り進まない、うまくいかないといったことを実感される方も多いようです。

　これは、「プロセスが間違っている」とか「プロセスは実践の場では役に立たない」などということではありません。プロセス自体は必要かつとても有用なものです。実は、面談を十分に機能させるためには、プロセスに加えもう1つ必要なものがあります。それが、本書でご紹介する面談の「スキル」です。プロセスという大きな枠組みがあっても、その中にあるのは相談者とキャリアコンサルタントの対話、つまり、一つひとつのやりとりです。そこがうまくいかないと、プロセスは前に進みません。

　プロセスは目的地までの大まかな地図です。ただ、地図に沿って道のりを進んでいくためには、一歩一歩の歩みを適切に進めていくことが必要です。その時々、場所ごとの道の状態に合った進み方を知っておき、それを実践できることが必要です。そして、そのためのスキルが必要になります。

　スキルについては、キャリアコンサルティングのどのタイミング、どの場面でも必要かつ有効なものもありますが、面談の段階によって必要性、有効性が異なるものもあります。

　一例として、問題に対する具体的な対処行動を行っていく「具体的展開」段階において有効な関わり、例えば相談者の視点を変えるため

の問いかけは、「具体的展開」を促すためには有効なことが多いです。しかし、「関係構築」のような面談初期の場面では、そのような問いかけは相談者にとっては負担になったり、自分の思いを受け止めてもらえていないと感じることにつながり、キャリアコンサルタントへの信頼感を損ねてしまうといった、どちらかというと不適切な関わりとなってしまうといったこともあります。

　そのため、スキルについては、ただ「こうすればいいんだ」といった理解に留まるのではなく、「いつ（どのプロセス、どのような場面で）」、「どのようなスキルを」、「どのように」用いればよいのか、そして、その「根拠」も含めて理解した上で、実践に取り入れていただきたいと思います。

　プロセスだけでは面談は適切に進みません。プロセスによってどこに向けて進んでいけばよいかはわかっても、そこへの歩みをどう進めてよいかがわからないからです。

　一方、スキルだけでも面談は進みません。一歩一歩の歩みの進め方はわかるけど、それがどこにつながっているのか、どこに向けて進んでいけばよいかがわからないからです。

　プロセスとスキルはセットです。両方がそろってこそ適切なキャリアコンサルティングが行われます。スキルとプロセスの相乗効果を目指す。このことをこれから本書を読み進める上での前提として共有しておきたいと思います。

　本書ではキャリアコンサルティングのプロセスを前提に、プロセスごとに必要なスキル、有効なスキルをご紹介していきます。これまでお会いしたさまざまなキャリアコンサルタントの方々や、特に筆者が主催する合格講座の受講生のみなさんが迷ったり、悩んだりしていたポイントを中心に取り上げていきます。ぜひ、それらの目的や狙いを

第1章　キャリアコンサルティング面談とは

理解した上で、面談の中でお役立ていただければ幸いです。

　もちろん、キャリアコンサルティングは生身の人間を相手にした個別性の高い営みであるため、本書でご紹介するスキルも「このようにすれば絶対に大丈夫」などと保証するものではありません。面談の際、目の前の相談者に対応する上で、「こんな場合には、どのように対応すればよいのか」を考えるヒントとして活用していただければと思います。

ひと言コラム

◎ システマティックアプローチについて

　キャリアコンサルティングは闇雲に話を聴くものではなく、構造があります。その代表的なものがシステマティックアプローチです。
　システマティックアプローチの流れは、下記の通りです。

① 関係構築
② 問題把握
③ 目標設定
④ 方策実行
⑤ 結果の評価
⑥ ケース終了

　これはキャリアコンサルタントとして面談を進めていく上で基本となる構造です。面談を行う際にはこの流れを意識して進めていただきたいです（ただし、1回の面談で①〜⑥すべてを行う必要はありません）。ただ、この構造は流動的なものでもあるので、相談者や相談内容に合わせて柔軟に対応していく必要があります。

第2章

関係構築

　ここからは面談のプロセスごとに活用できる具体的なスキルをご紹介していきます。
　キャリアコンサルティングにかかるスキルはとても100には収まらないくらい数多くありますが、現場ですぐにでもお役立ていただけるポイントを中心に取り上げています。
　ただし、相談者や相談場面は多種多様なので、「このやり方をすればどのような場合でも大丈夫」というものでもありません。大事なことは常に目の前の相談者に合わせて対応していくことだと考えます。また、本書でのスキルの分類も流動的な部分があります。ある章で紹介しているスキルが絶対にそのプロセスでしか使えないというものでもありませんし、そのプロセスであればいつでも使えるというものでもありません。おおよその目安だと思っていただければ幸いです。
　皆様には「どのようにこのスキルを使うと効果的だろう」、「自分の現場だったらどのような場面でこのスキルを使うとよいだろう」と考えながら読み進めていただきたいと思います。

　まず、第2章では関係構築において役立つスキルをご紹介します。関係構築とは、キャリアコンサルティング全体を通して重要なものであり、その成否を左右するとても重要なものです。特に面談の序盤で相談者との間にいかに良好な関係を築くことができるかが、その後の展開に大きく影響します。
　そこで、ここでは特に面談の序盤において活用できるスキルを中心にご紹介していきます。

スキル1 まずは素直に問いかけてみる①

「相談者に対して、何を質問したらいいかわからないんです」というご質問をいただくことがあります。例えば、キャリアコンサルティング面談やロールプレイでも、相談者が何か話してくれたときに、それに対して何を質問してよいかわからなくなり、対話が止まってしまうということがあるようです。特に慣れないうちは、よくあることだと思います。

だからといって、「まずはこれを聞いて、次はこれ、そしてその次は…」というように、あらかじめ準備してきた質問をそのまま順番に聞いていくということがあまりよくないのは、皆さんもよくご存知のことだと思います。でも、そうはいっても、質問がスムーズに出てこないというのも困りますよね。

では、どうして「何を質問してよいかわからない」のでしょうか。理由はいろいろあるかもしれませんが、その主な理由として、「質問を難しく考えすぎてしまっている」、「自分に制約をかけてしまっている」、といったようなことが考えられます。

まず1つ目の「質問を難しく考えすぎてしまっている」というのは、例えば、「うまい質問をしないといけない」、「気づきを促さなくては！」などとキャリアコンサルタントの側に力が入りすぎてしまっている状態です。「良い質問」、「正解の質問」というものがあって、それをしなければならない、などと自分でハードルを上げてしまっているのですね。それで、何も質問ができなくなってしまう。そんな状況です。

一方、2つ目の「自分に制約をかけてしまっている」というのは、それまでにどこか、もしくは、誰かから教わったこと、特に「あれをしてはダメ」、「これをしてはダメ」といったような制限をかける教え

第2章 関係構築　　*17*

にとらわれてしまって、身動きが取れなくなってしまっているといったようなケースです。特に初学者に対しては、教える側も相談者を傷つけないための対応を教えることが多いので、どうしても内容として「あれはダメ」、「これもダメ」といったものが多くなりがちです。それらはもちろん相談者を守るために大切なことでもあるのですが、ただ、そのためにキャリアコンサルタントが何もできなくなってしまう、「何を質問してよいかわからない」といった状況につながってしまっている場合もあります。

　ここで皆さんにお伝えしたいことは、「**まずは素直に問いかけてみてください**」ということです。ハードルを下げていただきたいですし、制約を緩めていただきたいです。もちろん相談者を傷つけるのは避けなければなりません。そのため、ロールプレイなど安全な場で、まずは素直に問いかけてみるということからやってみていただきたいです。そのなかから、「あ、こんな感じでいいんだ」と一歩進めるきっかけが見えてくると思います。

スキル2 まずは素直に問いかけてみる②

　それでは、具体的にどうしていけばよいのでしょうか。

　まずは、質問をすることができるようになることから始めましょう。「何を質問したら…」の「何」に唯一の正解はありません。同じように絶対の不正解もありません。何を質問してよいかわからなくて、面談が止まってしまって困っているといった方の場合、質問の質の良し悪しはともかくとして（もちろん、意図的に相談者を傷つけるようなことは避けるべきですが）相談者に対して問いかけを行えるようになることがスタートラインになります。

　まずは相談者の話を聞いて、浮かんだ疑問を素直に投げかけてみましょう。

　特にロールプレイ、つまり、練習では、「良い質問をしなければ」とか、「あれダメ、これダメ」といった制約を取り払って自由に振る舞ってみてください。**相談者の話を聞いて、そのとき頭に浮かんだ疑問を相談者に伝えてみましょう。**

　例えば、相談者が何か話したときに、「あれ？相談者はそのことをどんな風に思ったのかな？」と感じたとしたら、素直に「そのことについてどう思われましたか？」と聞いてみましょう。そうすると、相談者もそれを受けて考え始めます。そして、何か答えてくれます。

　多くの場合はその質問をしたからといって、特に何か悪いことが起こる訳でもないし、それなりに機能していることに気がつきます。つまり、「あぁ、こういう質問でもいいんだ」、「これで大丈夫なんだ」という感覚を持っていただけると思います。そのような体験の積み重ねによって質問することへのブレーキが外れて、自然に相談者に問いかけることができるようになっていきます。

第2章　関係構築　19

そして、相談者に問いかけることができるようになっていけば、少しずつ余裕も出てくると思います。そのときには、「これは相談者の思いを引き出せた、よい質問だったな」とか、「あそこでは、もう少しこういうことを聞いたほうがよかったかな」などと振り返ることもできるようになってきます。そうすると、質問の質もだんだん向上していきます。質問の質が上がり、自分の質問に自信を持てるようになれば、より積極的に問いかけることができるようになる、そんなよい循環が生まれてくるでしょう。

ひと言コラム

◎ 問いかけのコツ

　問いかけはあまり難しく考えすぎないことをお勧めします。
　それは、相談者のためでもあります。まずは、相談者には自由に考え、話していただきたいので、質問はシンプルにしたほうがよいのです。キャリアコンサルタントがあれこれと言葉を付け加えないことが望ましいです。
　例えば、相談者の気持ちを問うときには、「〇〇というお気持ちでしょうか？」などとキャリアコンサルタントが先回りして言ってしまうのではなく、「どのようなお気持ちですか？」などとシンプルに問いかけるほうが、相談者がより自分の気持ちを自由に考え、話すことにつながります。

スキル3 あいさつは関係構築の第一歩

　キャリアコンサルティングにおいて、関係構築は非常に大切なものです。関係構築の質がキャリアコンサルティングの質を決めるといっても過言ではありません。

　では、関係構築はどの時点から始まっているのでしょうか。実は、関係構築は面談の中だけで行われるものではありません。相談者からすれば、関係構築は面談が始まる前からすでに始まっています。例えば、キャリアコンサルティングを受ける前に触れたキャリアコンサルタントの情報（評判なども含む）、キャリアコンサルティングを受けるための予約や受付の際のやり取りなども信頼関係に影響します。

　そして、実際にキャリアコンサルタントと対面した際、信頼関係に大きな影響を与えるのが「あいさつ」の場面です。あいさつ自体はキャリアコンサルティング独自のものではありません。ごく日常のコミュニケーションです。ただ、面談においては非常に大事なものです。このあいさつが相談者とキャリアコンサルタントとの出会いの場面だからです。

　キャリアコンサルティングを受ける前から相談者はキャリアコンサルタントについて、さまざまな印象（それが実体と合っているかどうかは別にして）を持っていることはありますが、**あいさつの際に相談者から見たキャリアコンサルタントの印象の大部分が決まってしまいます**（逆もしかりですが）。これがその後の信頼関係にも影響を与えます。

　私たちキャリアコンサルタントは、相談者の印象がどうであったとしても、基本的には「受容」「共感」の姿勢で臨みます。また、そのあとのやり取りを通して「この人はどんな人なのだろうか」とより深

第2章　関係構築　　*21*

く知ろうとします。それによって面談が進む中で相談者の印象が変わることもあります。何より相手の印象がどうであろうと関係構築に努めるのがキャリアコンサルタントです。

しかし、相談者はそうとは限りません。相談者はキャリアコンサルタントを理解しようとか、信頼関係の構築に努めようとは思わないでしょうし、その必要もありません。そのため、キャリアコンサルタントを見て、はじめに「信頼できそうな人だな」と思うか「この人感じが悪いな（信頼できないな）」と思うか、それがその後の展開に大きく影響します。相談者から見たキャリアコンサルタントの印象、特に出会った際の最初の印象はとても大事なのです。

そのため、キャリアコンサルティングの場面では、あいさつにはいつも以上に気を配ることをお勧めします。具体的には、相談者に接するときの口調、声のトーン、笑顔、アイコンタクトなどです。言語・非言語双方で信頼関係の構築につながるような、良い印象を持ってもらえる対応になっているか、安心できる対応になっているか、少しご自身の対応に意識的になることから始めてみましょう。

最初のあいさつがお互いにとって良い雰囲気で始まれば、相談者との関係構築も、面談もスムーズに進めやすくなります。また、これはキャリアコンサルティング以外の普段の生活にも活かせるスキルなので、ぜひ取り組んでみていただきたいです。

スキル4 相談者の頭の中に焦点を当てる①

　事実確認、状況や出来事の確認よりも相談者の頭の中に焦点を当てるほうがキャリアコンサルティングを展開しやすいのはなぜでしょうか。

　まず、事実や状況・出来事についての質問に答えているとき、相談者にとってはすでに知っている情報を話しているだけです。そこには相談者にとって新しい情報は何もありません。キャリアコンサルタントの理解は進むかもしれませんが、相談者は知っていることをただ「説明」しているだけなので、相談者は同じところにとどまったままです。内省も自己探索も進んでいません。つまり、キャリアコンサルティングは進展していないということになります。

　また、キャリアコンサルタントが知りたいことを中心に面談を進めている、ということは、「キャリアコンサルタント主体」になっています。相談者が話したいことではなく、キャリアコンサルタントが相談者に話してほしいこと、知りたいことを話してもらっているという状態であり、キャリアコンサルティングで本来あるべき「相談者主体」の面談ではありません。

　実は、**事実や状況・出来事など、相談者の「外の状況」についての情報というのは、キャリアコンサルティングではほとんど必要ありません**。なぜなら、相談者の問題は事実や状況・出来事そのものではなく、それに対する相談者の気持ちから生じるものだからです。

　では、キャリアコンサルティングにおいて知っておくべき情報、必要な情報とは何でしょうか。それは、相談者の「頭の中の状況」です。

　相談者の頭の中に何があるのか。つまり、相談者の頭の中にある気持ちはどうなっているのか。これを問いかけます。そのときに何を感

第2章　関係構築　　23

じ、何を考えたか。相談者の「思い出」を語ってもらうといってもよいかもしれません。相談者は「思い出」について問われ、それを語るうちにいろいろなことを思い出してきます。「あのときはこんなことを感じた」、「あれはとても嫌だった」、「あれはとても嬉しかったなぁ」…などなど。

　これらの情報がキャリアコンサルティングでは役に立ちます。これらのことは、相談者にとっても、事実や状況・出来事のようなすでに知っている情報ではありません。相談者の中にあるものではあるのですが、何かしらの働きかけによって引き出される必要のある情報です。そして、これらのことは事実、つまり、相談者の「外の状況」を聞いているだけでは引き出されてきません。これらのことは相談者の頭の中にあるので、キャリアコンサルタントは相談者の「頭の中の状況」を引き出す必要があるのです。

スキル 5 相談者の頭の中に焦点を当てる②

　では、相談者の「頭の中の状況」つまり「思い出」をどうやって引き出せばよいのでしょうか。

　そこで、「質問」が大切になってきます。それも、事実や状況・出来事の確認のための質問ではなく、相談者の頭の中にあるものを引き出すような質問です。

　例えば、相談者の仕事に関して。「どんな仕事をしていますか？」は事実の確認です。きっと、この質問に対する答えは、「経理です」、「販売をしています」などですね。これは、相談者にとってはすでにわかっている事実の説明であり、思い出は出てきそうにありません。

　一方、「お仕事にどういう思いで取り組んでこられたのですか？」などと聞くと、「こんな風に自分なりに一生懸命やってきました」、「こういうところにやりがいをもって取り組んできました」などの答えが返ってくるかもしれません。このとき、相談者は頭の中で、「そうだな…どういう思いがあっただろうか…」などと考えて、いろいろと思い返したり、思い出したりします。その中で、自分の仕事に対する気持ちを明確化して、それをキャリアコンサルタントに話してくれます。それは自分に対する語りかけでもあります。

　このとき出てきた情報は、相談者にとっては、キャリアコンサルタントの働きかけによって見出された、もしくは、明確化された新しい情報ということになります。「あぁ、自分はこういう風に考えていたんだ…」という思いが、相談者が自身の価値観や自己概念を見出していくことにもつながります。また、問題への理解を深めたり、解決への道筋を見つけたりすること、つまりキャリアコンサルティングの展開にも役立ちます。

第2章　関係構築　25

このように適切な質問ができるようになるには、もちろん練習が必要になります。**練習のポイントは、「相談者の頭の中」に焦点を置くことです**。「この相談者はどのように感じているのかな」、「このことをどのように考えているのかな」などと、相談者の頭の中の状況を明確にしていこうとしてみてください。焦点の置き方を変えると、質問の質も変わってきます。

　そして、相談者の「頭の中の状況」、つまり、「思い出」を適切に問いかけられるようになる、さらに、相談者がそれを語ってくれるようになると、キャリアコンサルティングも今まで以上に適切に展開していくようになります。

スキル6 相談者のキーワードに目を向ける

　「相談者に対して、何を質問すればいいかわからなくなるんです」と言う方がいます。面談を進める上で、どのような質問をすればよいのか迷ってしまうようです。この場合、まずは相手との関係構築に意識を向けることが非常に重要だと思います。なぜなら、関係構築があまり進んでいない段階で質問だけがどんどん進んでいくと、それがどんな質問であってもあまりよくない状況になるからです。人は、相手に対する信頼や好意が生まれたときに、相手にたくさん話をしたいと思ったり、聞かれたことに答えたいと思ったりするのです。ですから、まずは相手との関係構築が大事です。

　その上で、**質問を考えるときには、相手が発する「キーワード」がポイントになります**。相談者が言っていることを正確に聞くことが必要です。例えば、相談者から「今の会社で評価されていないと思うんです」と言われたとしたら、「評価されていないと思う」、その中でも特に「評価」というのがキーワードです。そこで、「評価されていないと思うんですね」と受け止めてから、「○○さんにとって『評価』とはどのようなものですか？」と聞いてみてください。そうすると、おそらくその相談者は、自分が思っている「評価」についてたくさん話してくれると思います。

　そして、また話が進んだときに、また違うキーワードがいろいろ出てきます。例えば、「こんな状態がずっと続いていて、もうしんどいんです」というような言葉が出てくるかもしれません。そのときに、次はどうするかというと、新しい質問を考えるのではなくて、相談者が言った、「しんどい」という言葉（キーワード）を正確に聞き取り、受け止めた上で、「その『しんどい』という部分をもう少し詳しく教

えていただけませんか？」とするのです。こうすることで、関係構築がだんだん深まっていきます。

　相談者が発言した後に、自分で何か新しい質問を考えて投げかけなければならないと思われている方もいるかもしれません。しかし、相談者の言葉を正確に聞き取っていれば、何を質問すればよいかわからないということについては、あまり心配しなくてもよくなると思います。

ひと言コラム

◎ 相談者の「キーワード」

　相談者の気持ちが込められていると感じられる言葉が、『キーワード』であり、キャリアコンサルタントはそれらの言葉にアンテナを張っておく必要があります。

≪相談者の感情を表す言葉≫
　相談者の感情表現の言葉。感情が直接的に表されているところなので、詳しく聞いていく必要があります。「うれしい」、「楽しい」、「悲しい」、「つらい」、「不安」など。

≪相談者の特徴的な言葉≫
　相談者の感情を直接的に表す言葉ではないものの、相談者の感情が込められている表現。「心に穴が開いたような…」、「胸がつまるような…」など。

≪定義があいまいな言葉≫
　言葉としては多くの人が知っているものの、人によって意味合いが異なるもの。「やりがい」、「充実感」、「評価」、「成功」など。

スキル7 オープンな質問を意識する

　キャリアコンサルティングにおいて、さまざまな質問がありますが、皆さんは普段どのような質問を使っているでしょうか。ここでは良い質問の例を挙げてみたいと思います。

　「○○についてどう感じていますか？」、「今おっしゃったことについてどのように感じていますか？」、「一通りお話しされて、今何を思いますか？」、「今一番強く思われていることは何ですか？」などといった質問は、さまざまな場面で活用できるものです。いわゆるオープンな質問です。皆さんはこのような質問をどのくらい使われているでしょうか。これらの質問の効果を理解し、適切な場面で使えているでしょうか。面談の際にも、**なぜその質問をその場面で使ったのか、その理由を自分でも理解し、答えられることが必要です**。

　逆に、上記のような質問をあまり使わないという方は、おそらくクローズな質問が多いのではないかと思います。これは注意が必要かもしれません。なぜなら、相談者の気持ちや状況は、オープンな質問によって引き出していくことができるからです。しかし、オープンな質問をあまり使っていない人は、相談者との対話がカウンセリングのためではなく、情報収集や自分の興味に沿った質問となっている可能性があります。

　ですので、キャリアコンサルタントとしては、ここで紹介したようなオープンな質問を自然に使えるようになっていただきたいです。また、どのタイミングでこれらの質問を使えば効果的か、しっかりと訓練を積んでおくことも必要です。適切な場面で適切な質問をするためには、訓練が必要です。質問が相手に響いているかどうか、反応を感じ取れるようになることも大切です。

第2章　関係構築

スキル8 疑問形を使って相談者の言葉を促す

　受講生の方々のロールプレイを拝見していると、皆さんとても真剣にロールプレイに取り組んでいて、一生懸命に相談者へ質問をしようとしています。その際に気になることは、「質問は必ずちゃんとした長い文章でなければならない」と思われている方が多いということです。そこで、ここでは少し違った角度から相談者の言葉を促す方法をご紹介したいと思います。

　具体的に言うと、**「疑問形」を使って質問する方法です**。例えば、相手が「○○なんですけど…」と話した場合、「なんですけど？」と、返すだけです。

　他にも、相手が「〜なのにねぇ…」とその後を続けずに話が終わってしまうこともあります。そのときに、「なのに？」とだけ返します。このような場合、話には続きがまだあるということが多いです。そのため、このように疑問形にして発言を促すと、相談者は話を続けやすくなります。

　この技法は非常に有用です。相談者がまだ話したいことがあるのにそれを口に出さず、考えているような場面では特に効果的です。それを促してあげることで、相手が話しやすくなります。実際、この方法は面談や試験の場面でも活用できます。もしよろしければ、練習の際にこの技法を取り入れてみてください。

スキル9 感情の言葉が出ない相談者への対応

　感情があまり表に出ない相談者への対応について考えてみたいと思います。相談者には、さまざまなタイプの人がいます。感情豊かなタイプの人もいれば、感情をあまり表に出さない、感情の言葉が出てこない、感情を表現する余地がないという相談者もいます。感情を表に出さずに、事実や事柄を淡々と話す方もいます。そのような相談者にどのように対応したらよいでしょうか。

　例えば、相談者の中には事実ばかりを話す人がいます。相談内容を話すときに、「しんどいです」、「辛いです」といった感情の言葉や、その人ならではの特徴的な表現、例えば「評価されていないんです」など、そうした感情の言葉が出てくれば、その言葉を拾っていけばよいのですが、そういう言葉がまったくなく事実ばかりを話す相談者の場合には、少し焦ってしまうかもしれませんね。

　このようなとき、相談者が事実ばかりを述べていたとしても、「それについてどのように感じるか」、という視点を常に持っておくことが大切です。例えば、相談者から「異動が決まった」と伝えられた場合、皆さんはどのように対応しますか？「異動が決まったんですねー」とだけ言って終わってしまうかもしれませんし、「そうですか。それで…」と違う質問をしてしまうこともあります。そうすると、「異動が決まった」ことについての相談者の感情にはまったくアプローチしていないことになりますから、相談者からは感情が出てきていないし、こちらからもアプローチができないという状況になります。

　もちろん世の中には感情を表に出さない人もいますし、それで問題なく生活できる人もいます。ただ、キャリアコンサルティングでは、我々のほうからそのような相談者の感情にも積極的にアプローチする

第2章　関係構築

必要があります。具体的にどうすればよいかというと、異動が決まったと伝えられたら、**「それを聞いたとき(もしくは、そのことについて)、どのように感じましたか?」** と尋ねてみてほしいのです。そうすると、相談者はどのような感情を抱いたかを話してくれるでしょう。「ちょっと嫌だな」と思ったかもしれませんし、「嬉しかったです」と思ったかもしれません。このような感じで、「どのように感じましたか」という質問をすることで、相談者の感情を引き出しやすくなるかと思います。

相談者からの言葉の中で感情や特徴的な表現の言葉がなく、どうすればよいかと悩んだときは、「そのことについてどのように感じるのか」という視点を頭の中に入れておいてください。相談者の気持ちを積極的に引き出すように関わってみると、次の展開に進みやすくなるでしょう。

スキル 10 相談者の気持ちを勝手に決めつけない

　面談の中でキャリアコンサルタントが、相談者の気持ちを決めつけていると感じられる場面があります。しかし、それはあまりよいことではないかもしれません。

　具体的な例を見てみましょう。相談者が「仕事と育児と両立がなかなかできなくて…」という悩みを話したとします。それに対して、キャリアコンサルタントが「両立できないと困りますよねー」と応答します。これを聞いて皆さんは、どんな風に感じられましたか？

　「たしかにそうだと思う」、「特に問題はなさそう」、などといった反応があるかもしれません。しかし、この応答にはかなり違和感があります。なぜなら、キャリアコンサルタントが勝手に、「両立できないと困りますよねー」という言葉で相談者の気持ちを決めつけてしまっているからです。

　相談者の中にはキャリアコンサルタントがこのような応答をしたときに、「別に困ってないんだけど…」と心の中で思う方もいるかもしれません。そうです。このキャリアコンサルタントの応答は、あまり適切なものではないのです。相談者が「困る」と言っていないのに、「困る」と決めつけることはよくありません。これはキャリアコンサルタントが自分の思い込みや決めつけをしているように思えます。どう思っているのかは相談者本人にしかわかりません。ここで**キャリアコンサルタントがすべきことは、相談者の気持ちを相談者本人に確かめることです。**

　そうなると、相談者が「仕事と育児と両立がなかなかできなくて…」と話した場合、「…」に当たる部分、その続きを聞きたいと思います。キャリアコンサルタントにはそれを引き出してもらいたいです。「『な

第2章　関係構築　　*33*

かなかできなくて…』とのことですが、もう少し詳しくそのあたりを聞かせていただいてよいですか？」などと促します。これは非言語のコミュニケーションでもあります。相談者の反応を見ながら、「何か続きがあるんだろうな」と感じ取った上で、さらに話してもらえるように促すことで、相談者が続きを話してくれる可能性が高まります。

ひと言コラム

◎ わからないから教えてもらおう

　面談で相談者の話を聞いている中で、「相談者はこういう気持ちなのかな」という思いが生じることはあります。そして、確かに、それが相談者の気持ちと一致している場合もあります。そうしたときには、「それは、○○（というお気持ち）ですよね」と伝えると、「そうなんです！」といった反応があるでしょう。相談者も「わかってもらえた」と思って、それが信頼関係につながることもあります。ただ、キャリアコンサルティングは当てものではないですし、また、当たるか外れるかわからない中で進めるというのも心もとないものです。

　また、相談者の気持ちを考えているとき、自分自身を基準にして考えてしまっていることも多いものです。人は一人ひとり異なります。同じ状況でも、それについてどのように思うのかは人それぞれです。それを知っていく必要があるのです。ですので、特に面談の最初の段階では、「相談者の気持ちはわからない。だから教えてもらおう」というくらいの心構えで臨むほうがよいでしょう。

スキル11 相談者になかなか共感できないときには

「相談者になかなか共感できない」ということがあります。共感するためにはどうしたらよいのでしょうか。共感するにはテクニック（技法、技術）的な部分もありますが、それらを考える前に、まずは、自分がなぜ相談者に共感できないのか、その理由を明確にするということが大事だと考えます。

具体的な方法としては、**「紙に書き出す」というのが一番よいかと思います**。面談を振り返って、そのときどき、相談者に共感できたか共感できてなかったのか、できていなかったとしたらなぜ共感できなったのか、ということを少し考えてみていただきたいです。そして、それらを紙に書き出してみてください。

そうすることで、例えば、「ここで『何か質問をしないといけない』と思って急いでしまっていたな」とか、「『そんなこと私に言われても困る』と思ってしまっていたな」とか、共感できていなかったときに思っていたこと、自分の中で起こっていたことに気づくことができると思います。その上で、共感とは何をすることなのか、今一度思い出して復習してみてください。

共感とは何をすることか。おそらく、共感についてはこれまでもいろいろと勉強されているかと思います。テキストを見返したり、勉強仲間に共感とは何をすることなのか聞いてみたりしてください。また、ご自身が相談者として「共感してもらえたな」と感じたこと、「共感してもらえてないな」と感じたこと、これも書き出してみてください。立場が変わると、とてもよくわかると思います。

このようにいろいろ分析をしていくと、共感についての理解が深まり相談者にも共感できるようになってくるのではないかと思います。

第2章　関係構築

その上で、テクニック的な部分を向上させていきます。テクニック的な部分はそこから役立ってくると思います。まずは、今なかなか相談者に共感できてないという方は、一度、取り組んでみてください。

ひと言コラム

◎ なかなか共感できないとき

「共感が難しい」と感じる原因の一つとして、「共感」と「同感」を混同している場合があります。つまり、相談者に共感するということを、自分の気持ちを相談者の気持ちと同じにしないといけない（同感しないといけない）と考えている場合です。こうなると、特に相談者と自分の気持ちが異なる場合、「共感」は難しくなります。
　あらためて確認していただきたいのは、「共感」と「同感」は異なるということです。「共感」は「あたかも」相手の立場になって理解するように努めることです。そこでは自分の気持ちは自分の気持ちであっていいですし、それを押し込める必要はないです。自分の気持ちを変えてまで相手と同じ気持ちになる必要はないのです。ただ、それでもまだ難しいなと感じる方は、まず「この方（相談者）はこういう思いなのだな（自分の思いとは違うけど）」と認める（受容する）ことから始めてみるとよいかと思います。

スキル12 質問する前に、受け止める

　面談の際に、相談者にさまざまな質問を投げかける場面があると思います。その際に重要なのは、質問をする前にまず相手の言葉を受け止めることです。

　カウンセリングの技法についての話になりますが、**まず相手が何かを言ってきた場合、それを受け止めてから質問するのが基本中の基本です**。具体的には、相談者が「上司からチームリーダーを任された」と言ったとします。そのときに、まずはそのことを受け止めることが大切です。例えば、「そうですか。上司からチームリーダーを任されたのですね」と、相談者が上司からチームリーダーを任されたということを受け止めた上で、質問をする。例えば、「上司から言われたとき、どのように感じましたか？」といった質問をする。この流れが一連の手順です。

　よくある間違いとしては、相談者が何か言った後にすぐに「上司から言われたとき、どのように感じましたか？」と質問してしまうことです。受け止めは欠かさずに行うようにしてください。

　もちろん、相談者が何か言うたびに必ずこの流れで進めなければならない訳ではありませんが、面談の冒頭では特に重要です。カウンセリングの会話は普通の会話とは異なる部分がありますので、慣れるまで繰り返し練習することをお勧めします。慣れてくると、相談者との対話の中で、どの部分で受け止めるべきか、また省いてもよい部分はどこかなど、自分の中で整理されてくるかと思います。

第2章　関係構築

「伝え返し」と「復唱」の違いを理解する

スキル
13

　「伝え返し」と「復唱」を混同している人もいるかもしれません。確かに、伝え返しと復唱の違いを理解するのは難しいかもしれません。「伝え返し」は相手の発言を要約し、理解したことを相手に伝えることです。

　一方、「復唱」は相手が言ったことを単に繰り返すだけです。相談者の発言をただひたすら繰り返しているだけだと、相談者は「何か私の言っていることをただ単に繰り返しているだけだな」、「自分の感情や意図を理解してもらえないな」などと感じてしまう可能性があります。復唱は、相談者の気持ちや意図を理解せずに、ただ単に発言を繰り返すことだからです。また、復唱を繰り返しているだけだと面談の時間が足りなくなる可能性があります。

　伝え返しと復唱の違いを理解し、相手の発言を適切に伝え返すことで、相談者に対するより深い理解と円滑なコミュニケーションが期待できます。適切な伝え返しは、相談者が自分の気持ちを理解してもらえたと感じ、満足感を与えることができます。

　例えば、相談者が「会社でものすごく仕事がしんどくて、もう辞めようと思っているんですよ」と言われたら、キャリアコンサルタントが「ああ、もうしんどくて辞めようと思われているんですね」と言う。これが伝え返しです。

　効果的な伝え返しは、相談者の感情を正確に捉え、相談者が「しんどいという気持ちを感じている」ことを相談者に返すことです。これにより、相談者は自分の気持ちが理解されていると感じ、コミュニケーションが円滑に進むことが期待されます。

　一方、復唱は相談者の発言の「しんどい」の部分も繰り返しますし、それ以外のところも同じようにそのまま全部繰り返します。相手の発

38

言を単に繰り返すだけなので、相手の感情や意図を深く理解することは難しいです。相談者も相手が自分を理解してくれているとは感じにくいかもしれません。

このように、伝え返しと復唱の違いを今一度確認をしてみてください。キャリアコンサルティングにおいては、適切な伝え返しができることが大切です。

ひと言コラム

◎「伝え返し」と「復唱」の具体例

「伝え返し」と「復唱」の違いを感じていただくために、下記の具体例をもとに考えてみましょう。

【具体例】
「先日、会社の上司から『残業が多いのは仕事が遅いからだ』と言われました。私としては一生懸命やっているのに…納得いかないです。」

　復唱の例：「先日会社の上司から『残業が多いのは仕事が遅いからだ』と言われたのですね。○○さんとしては一生懸命やっているのに、納得いかないのですね」

　伝え返しの例：「一生懸命やっているのに…納得がいかないのですね」

このように、相談者の語りの中の重要な部分を返すのが伝え返しです。相談者の伝えたいことを的確に受け取る練習として取り組んでいただきたいです。

スキル14 「伝え返し」、「要約」のコツ

　「伝え返し」や「要約」は大切なスキルですが、これらが多くなりすぎると、限られた時間の中では面談の展開が難しくなることがあります。確かに、相談者の発言に対して理解を示すことは重要ですが、バランスが必要です。相談者の話を理解し、伝え返しなどを行う一方で、限られた時間の中で面談を進め、展開させていくことも大切です。まず前提として、相談者の話を丁寧にしっかりと聞く、その姿勢は素晴らしいです。その姿勢はそのまま維持しながら、面談の展開を促す工夫をしてみることをお勧めします。

　例えば、**感情の言葉や特徴的な言葉を中心に伝え返す**練習をしてみるとよいと思います。今までであれば、相談者の言ったことの大部分を伝え返していたのを、感情の言葉や特徴的な言葉だけにしてみるということです。「仕事がすごくしんどくて、もう辞めようと思っているんです」と言われたら、「しんどいんですね」と感情の言葉だけ伝え返す、または特徴的な表現の言葉だけを返すようにしてみます。

　特徴的な言葉というのは、その相談者ならではの表現の言葉です。例えば、「私はこの会社でまったく評価をされてないって思っているんですよね」と言ったとすると、この「評価をされていない」というのが特徴的な表現です。そこで、「評価されてないと思っているんですね」と伝え返します。また、相談者からすれば、やはり「評価されていない」ということはすごく気になっているので、こちらが「評価されていない？」と、少し疑問形で返すと「そうなんです…」とさらに話を進めてくれると思います。

　このような伝え返しができるようになると、相談者の話を聞く姿勢を保ちつつ、しっかりと展開させることもできるようになるでしょう。

スキル15 言い換えの技法について

　カウンセリング技法にはさまざまなものがあります。うなずきや相槌、感情の反射など、皆さんはすでに勉強されてご存知かと思いますが、ここではその中の一つである「言い換え」についてお伝えします。

　言い換えは、相手が話した内容をわかりやすくまとめて伝え返すことです。これはコミュニケーションの中でよく行われるテクニックの一つです。言い換えを行う際に、注意が必要な点があります。それは、言い換えは感情の言葉以外に対して使うことです。**相談者が表現している感情の言葉（例えば、イライラする、辛い、不安など）は、他の言葉に置き換えることができない**ということを覚えておいてください。

　例えば、相談者が上司に対して「イライラする」と言ったとします。そのとき、キャリアコンサルタントが「上司のことが信頼できないのですね」と言い換えたとします。しかし、これは実際には言い換えではありません。なぜなら、この相談者の感情として、「イライラする」は「信頼できない」ではないのです。この相談者にとって「イライラする」という感情はそれ以外の何物でもなく、他の言葉で置き換えることができません。つまり、「イライラする」という感情を表現する他の言葉は存在しない、言い換えられないのです。このように、感情の言葉はそれ以外の言葉に置き換えることはできない場合があります。

　言い換えは、相手の話を理解し、わかりやすくまとめて伝え返すための技法です。ただ、ここでお伝えしたような点をしっかり理解しておかないと、相談者の違和感や抵抗感につながる可能性がありますので、注意が必要です。

第2章　関係構築　41

勝手に相談者の言葉を変えない

スキル 16

　相談者が言っている言葉を、キャリアコンサルタントが微妙なニュアンスを交えて別の言葉で伝え返してしまうというパターンが割と多く見受けられます。

　例えば、相談者が「落ち込むんです」と言ったとします。そのときにキャリアコンサルタントが「悲しいんですね」と、違う言葉を使って返してしまう。キャリアコンサルタントからすると別に悪気はないのですが、相談者が「落ち込むんです」と言っているのに対して「悲しいんですね」と返してしまうと、関係構築が上手く進まなくなることがあります。

　相談者からすると、「落ち込むんです」と言っているのに、「悲しいんですね」と言われると、「別に悲しくはないんだけどな…」と思ってしまう状態になってしまいます。この場合、**正しい対応は、相談者が使った言葉をそのまま使うことです**。つまり、「私すごく落ち込んでいます」と言われたら、「落ち込まれるんですね」とそのまま同じ言葉を使って返すことです。カウンセリングの中でも、「言語追跡」という技法があります。これをきちんと使うことが重要です。

スキル17 「ほめる」と「認める」

　ロールプレイの練習などの際、相談者役の方から「もっとほめてほしかった」と言われることや、キャリアコンサルタント役の方から「相談者をほめることは必要ですか？」と質問されることがあります。このときにどちらも「ほめる」と「認める」を混同している場合がよく見られます。ほめることと認めることは異なる概念です。ほめることは、評価や肯定の意味合いがあります。一方で、認めることは、単にその事実を受け入れることであり、評価や判断を含みません。

　具体的な違いを説明します。例えば、名刺交換のシーンで、相手が会社で20年働いていることを知ったとします。その場合、ほめるというのは、「素晴らしいご経歴ですね」とか、「すごいですね、長くご勤務されているんですね」といったように、相手の行動や能力を肯定し、評価や賞賛の言葉を伴います。一方で、認めるというのは、単にその事実を受け入れることです。例えば、「20年間お勤めなんですね」といった、評価や感情表現を含まない応答です。この違いを理解することで、より適切な対応ができるようになります。

　相談者としてロールプレイでほめられたときに、それをどのように受け取ったかについて聞いてみたところ、多くの方が初対面の人からのほめ言葉には違和感があったとのことでした。**初対面の人からのほめ言葉は、社交辞令だと感じたり、信頼性に疑念を抱いたりすることにつながります。**多くの場合、認めることのほうが、より相手の立場に立った対応であり、会話の流れを良好に保つことができるようです。ただ、相手の本当にすごいと思うところをほめることは、良好な関係を築くことにつながる可能性はあります。ほめることは適切な場面で行われるべきであり、取ってつけたようなほめ言葉は避けるべきでしょう。

第2章　関係構築

スキル 18 「否定しない」とはどういうことか

　相談者を否定しないということについて、考えてみたいと思います。否定とは何か、どうしたら否定していることになるのか。例えば、相談者が言っていることに対して、「それは違う」または「そうではない」というような表現は否定です。おそらくここまでは多くの方が理解しているところだと思います。しかし、もう少し深く掘り下げると、否定の中には、「実は否定だけれども、（それをしている本人は）否定ではないと思っている」といったこともあります。

　否定しないとはどういうことか、具体例で考えてみましょう。例えば、相談者が「係長に昇進して部下とうまくいかない。こんなことなら昇進なんてするんじゃなかった」と言ったとします。ここで、これを聞いたキャリアコンサルタントが次のように言います。「でもね、昇進したのはあなたが素晴らしいからなんですよ」

　これは否定になるでしょうか？　少し難しいですね。結論を言うと、これは否定しています。この場合、ここでキャリアコンサルタントが言っていることは「そんなことないよ」ということです。このような表現は、基本的には否定になります。相談者が「こんなことなら昇進なんてするんじゃなかった」という感情を表現している中で、キャリアコンサルタントが「昇進したのはあなたが素晴らしいからなんですよ」と言うことは、相談者の感情を否定しています。

　相談者がそう感じているなら、その気持ちを受け止めることが大切です。それに対して、キャリアコンサルタントが一方的に自分の意見や願望を伝えることは、相談者の気持ちを尊重していないといえます。

　このやりとりを見たときに、「これは否定ではない」と思った方は、少し気をつけないと、自分が否定していることに気づかないままに、

なぜか相談者があまり話してくれなくなってしまったという状況に陥ると思います。そうならないためにも、否定とはどういうことなのかを理解していただきたいです。相談者を否定しないというのは当然として、では何をどうしたら否定になるのかということも、しっかりと相手のことを考えながら扱ってほしいと思います。

　この例では、「こんなことなら昇進なんてするんじゃなかった」という気持ちになっている相談者に、「あなたは素晴らしいから」と言ってもあまり効果はありません。そんなことを言われても、相談者はあまり嬉しいとは思わないと思います。この例からも、ぜひ否定はどういうことなのか、考えてみてください。

　では、このようなときどうするとよいかというと、例えば、「昇進なんてするのではなかったって思われているんですね」とまず受け止め、伝え返す。その上で、例えば「その『うまくいかない』っていうところを、もうちょっと教えてもらっていいですか」という風に、相談者が言っている言葉を使って、どんどんその相談者の気持ちを引き出して、ラポールの形成に努めることが適切な展開につながると考えます。

第2章　関係構築　45

「よりそう」とはどういうことか

スキル 19

「よりそう」とは、相手の気持ちや状況に共感し、理解し、共に感じることを指します。ただ実際には、「よりそう」というのは、とても抽象的で、何をどうしていたら寄り添っているのかというのがなかなか難しいところです。これは言葉で理解するというよりも、ロールプレイなどを通して体感することで、自分の中で「寄り添えたな」とか「ちょっと寄り添えてなかったな」と理解していくことができるものだと考えます。

「よりそう」を考える例として、看護師さんが患者さんに対して塩分を制限するように伝えるという状況を挙げてみましょう。例えばその患者さんが塩分を制限されているにもかかわらず、おせんべいが好きでそれを食べてしまっているという状況があったとします。このとき、キャリアコンサルタント（看護師）ならどのような声かけをするでしょうか。このようなときは、まずは相手（患者）の気持ちや状況を理解し、共感することが求められます。

この例では、まずはこの患者さんの好みや欲求を理解し、共感することが信頼関係の構築や対話の展開につながります。例えば、「おせんべい、美味しいですよね」と声をかける。この声かけは、患者さんの好みを認め、共感の気持ちを表現しています。そうすると、患者さんは自分の好みについて話しやすくなり、対話が始まりやすくなります。患者さんの好みを共感し、否定せずに認めているからです。このような寄り添いのアプローチは、キャリアコンサルタントとして非常に重要です。相手の立場や気持ちを理解し、尊重することが信頼関係の構築につながるからです。そして、その後の展開としては、患者さんの好みや欲求に寄り添いつつも、同時に医療的な制限や注意点を尊

重し、適切なサポートを提供することが求められるでしょう。

このように「寄り添う」ことは相手の状況や気持ちに理解を示し、共感する姿勢を持つことです。この姿勢を通じて、相手との信頼関係が深まり、適切な関係構築につながります。**認めること、共感することは、相手に寄り添う上で重要な要素です。**

これはキャリアコンサルティングだけでなく、さまざまな対人関係において役立つスキルです。相手に寄り添うことが、ラポールを築く重要な手段の一つでもあります。相手を尊重し理解する姿勢を示すことで、対話がよりよい方向に進む可能性が高まります。

ひと言コラム

◎ よりそいについて

　多くの方がキャリアコンサルタントとして、相談者によりそおうとされていると思いますが、とはいえ、それが難しく感じる場合があります。

　よりそいを妨げる要因としては、キャリアコンサルタント自身の価値観が考えられます。自分の価値観に反する気持ちにはよりそいにくいと感じるものです。ですので、相談者によりそえるようになるためには、自分の価値観を知ると同時に、多様な価値観を受け入れることが大切です。また、どのような気持ちも相談者のかけがえのない思いであることを認めて、相手を尊重する姿勢を持って関わっていくことを意識していただきたいです。

「待つ」ことは大事

スキル20

キャリアコンサルティングでは、**相手の発言を待つことは非常に重要です**。これは、面接試験のロールプレイのように時間が限られている場合や相談者から多くのことを聞きたいという気持ちがある場合でも同様です。

相談者の発言を待つことが難しいと感じることがあるかもしれません。面談の時間が限られているため、こちらから質問をたくさんしたい、いろいろと聞きたいという思いがあると、特に待つことが難しくなります。ただ、そのような気持ちを少し抑えて、待つということを取り入れていただきたいと思います。

待つことができない具体的な例とその対処方法を考えてみたいと思います。

まず、待つことができず、早口になってしまう人がいます。キャリアコンサルタントが早口で話すと、相談者は相手が何を言っているかわからなくなる可能性がありますし、焦っているようにも受け取られがちです。また、自信がないようにも見えることがあります。ですので、早口の方はゆっくり話すようにしてください。ゆっくりとした話し方がよいです。キャリアコンサルタントがゆっくり話すことは非常に重要です。

また、一方的に話し始めてしまう人もいます。キャリアコンサルタントが一方的に話してしまうと、傾聴の要素が欠けてしまいます。傾聴の基本は、相談者とキャリアコンサルタントの話す割合が「8対2」といわれています。必ずしもその割合にこだわる必要はありませんが、キャリアコンサルタントの話す割合が多くなっている場合は注意が必要です。言葉が多いと、説明も長くなりがちです。そうすると相談者

にとっては理解しにくくなります。したがって、話すときはシンプルかつわかりやすくする練習も必要です。

　そして、相談者と言葉がかぶってしまう人もいます。キャリアコンサルタントとして、相談者が話を終える前に自分が話し出すことは避けるべきです。一見話し終わったように見えても、相談者にはまだ話したいことがあったかもしれません。そうすると、相談者は自分の話を聞いてもらえないと感じ、信頼関係が損なわれる可能性があります。どうしても話がかぶりがちな人は、相談者が話し終わった後、「1，2，3」と心の中で数えてから話始めることをお勧めします。そうすることで、相談者の話を遮ることも少なくなります。また、相談者もつけ加えて話したいことが出てきたとき、それを話すことがしやすくなります。自分の話したことを味わう（内省する）時間にもなるかもしれません。

　これらに注意することによって、相手の発言を待つことができるようになります。それによって相談者が話したいことを話せるようになり、面談もより適切に展開していきやすくなるでしょう。

スキル21 表情にも気を配る

　皆さんは、面談をしている最中の自分の表情を見たことはありますか？

　なぜこのようなことを尋ねるかというと、特にロールプレイの練習を行っているとき、私たちはともすると怖い顔をしてしまったり、困っているような表情をしてしまったりしていることがあるからです。なんとか相談者に対応しようとして必死になっているときは、自分がどのような表情をしているかということに気づきにくいものです。

　キャリアコンサルタントが怖い顔や困っている表情をしていると、相談者も不安を感じたり、緊張したりして、リラックスできなくなる可能性があります。そのため、キャリアコンサルタントは、面談中は常にできるだけ柔らかい表情を心がけることが重要です。何もへらへらする必要はありませんが、相談者から見て安心できるような表情を意識していただきたいです。

　実際に、**ご自身のロールプレイの場面を録画し、自分の表情や話し方を確認すると、驚くほど気づきが得られることがあります**。怖い顔になっていたり、話し方が早口であったりすることに気づくことができます。これらの気づきを活かして、より柔らかい表情や適切な話し方を心がけることで、相談者との信頼関係を築きやすくなります。

　自身の面談を振り返り、改善点を見つけることは、キャリアコンサルタントとして成長するために重要なステップです。振り返りを通じて、面談スキルの向上につなげていただきたいと思います。面談中の自分の表情を見たことがない、意識したことがなかったという方は、ぜひ一度取り組んでみることをお勧めします。

スキル22 相談者の話す言葉よりも非言語を優先する

　相談者がいろいろと話をしてくれる中でも、言葉よりもその方の非言語に注目して、そちらを優先することが大切です。

　例えば、相談者が「はい、わかりました」と言ったとします。そのときに、「はい、わかりました！」と明るい表情で、はっきりと力強く答えた場合。「…はい、わかりました」と少し暗い表情で力なく答えた場合。いかがでしょう。これらは「はい、わかりました」と、同じ言葉を話していますが、後者は何か思うところがありそうです。なぜか「本当にわかっているのかな？」、と少し気になりませんか？

　言葉では「はい、わかりました」と言っているけれども、非言語を聞くと、「あれ、なんかちょっと違和感があるな」、「どうしたのかな」などと気になるかと思います。

　このように、**非言語は言葉以上にその人の思いを物語っていることがあります**。では、このようなときに、キャリアコンサルタントとしてどう対応するか。この場合であれば、「何か気になることはありませんか？」、と聞いてあげてください。そうすると、少し暗い表情で「はい、わかりました」と言っていたこの相談者にとって、何かを話すきっかけになるかもしれません。

　相談者の話を聞くときには、ぜひ言葉だけでなく非言語にも気を配っていただければと思います。

第2章　関係構築　51

スキル23 話してくれない相談者への対応

　相談者が全然話してくれないという状況に直面した場合、まずは自身の心を落ち着かせることが重要です。このような状況になると、気持ちが自分のほうに向いてしまい、自分中心に考えてしまいがちですが、それでは問題が解決することはありません。不満や焦りを感じたとしても、落ち着いて対応することが必要です。

　例えば、相談者が話してくれないと感じたときに「うわぁ、何この人」、「ついてないなぁ」といったネガティブな感情が湧いてくるかもしれませんが、これは完全に自己中心的な反応です。相談者に落ち着いて対応するためには、自分の中で「何なのこの人」、「全然話してくれないわ」などといった感情が湧いてきても、その気持ちは一旦脇に置いて、落ち着いて対応しましょう。

　次に、相談者との関係構築に努めます。相手が話さない理由にはさまざまなものがあります。緊張している、信頼関係が築かれていない、話すことができない問題を抱えているなど、さまざまです。相手の心情や事情に配慮し、穏やかな態度で接することが大切です。

　その後、相談者に対して優しく問いかけてみます。「お話しやすいところから話していただけますか」といった形で問いかけると、もしかするとそこからポツポツと話し始めるかもしれません。**相手が話しやすい場を提供すること、また、相手が話し始めるきっかけを与える**ことで、話してくれない相談者が話をしてくれる展開につながりやすくなります。

スキル24 2種類の沈黙と、その見分け方

　沈黙というのは、あまり好ましいイメージではないかもしれません。できるだけ避けたいところではあります。ただ、なかなかうまく展開しない場合など、沈黙が出てしまうこともあります。実は、**沈黙には大きく2種類があります**。目の前の相談者が沈黙しているとき、どちらの沈黙なのかを考えてみていただきたいと思います。

　まず1つ目は、「考えている間の沈黙」です。こちらから何か質問をしたときに、その答えを考えている間の沈黙です。相談者は「あぁ、そうだなぁ」、「それってどうなのかなぁ…」などと考えて沈黙しています。

　そして2つ目は、「抵抗や反発の沈黙」です。この抵抗や反発の沈黙は、こちらから何か言ったことに対して黙ってしまうというものです。「そうじゃないんだけどなぁ」、「なんかこの人はあまり私のことわかってくれないなぁ」などと相手が抵抗や反発を感じている場合に起きることがあります。

　では、この2種類の沈黙をどうやって見分けるかというと、「非言語を聞く」ということです。相談者の非言語、雰囲気を見て、察知します。考えている沈黙であれば、相手の表情や雰囲気、態度などを見ていただくと、今何か考えているんだなというのはある程度わかると思います。また、上を向く人もいます。このようなときは、「これは今考えているんだ」ということがわかりますので、考えている沈黙のときは待ってあげてください。このようなときに待たずにこちらが話し始めると、向こうは「今考えていたのに…」となってしまうので、考えている沈黙だなと思ったときは、必ず待ってあげてください。

　一方、抵抗・反発をしているときは、相談者が少しうつむき加減に

第2章　関係構築　53

なったり、残念そうな表情をしたり、表情が硬くなったり、やるせない表情になったりすることがあります。ここでしっかりと相手の非言語を観察して、その人が考えているのか、抵抗・反発しているのかを見分けていただければと思います。

ひと言コラム

◎ 沈黙について

　「沈黙が苦手です」というキャリアコンサルタントの方も多いです。確かに、キャリアコンサルティングの場に限らず、対話の途中でお互いが黙ってしまうと気まずさが生じてくるものです。
　対話が交わされているときのほうが、面談が進んでいるようにも感じます。確かにそのような側面もあります。しかし、相談者がスラスラとよどみなく話し続けているときは、相談者はもうすでにわかっていることや差しさわりのないことを話しているだけで、あまり内省が深まっていないことも多いです。
　一方、相談者が沈黙している場合、表面的には面談が停滞しているように見えても、相談者の心の中ではいろいろな想いが湧き出ていることも多いです。相談者に、ご自身でじっくりと考えていただくこと、心の中にあるものを味わっていただくことがカウンセリングでは大事です。そして、その後、その心の中にあるものをお話しいただくことで、面談が動き出すこともあります。

スキル25 小さな抵抗を見逃さない

　面談の中で、相談者から小さな抵抗が出たときには、それを見逃さずに必ず対応してください。では、この小さな抵抗とは何かというと、相談者が、「まぁ、そうなんですけどね…」、「うーん…それもそうですよね」、などと何か少し納得してないというような表情をすることです。これはいわゆる非言語、ノンバーバルをしっかり聴いていただきたい場面です。

　相談者から上記のような言葉が出てきたとき、そのままスルーしてしまう方も多いのではないかと思います。しかし、このようなときには応急処置をする必要があります。応急処置をしないままそのまま面談が進んでいくと、先々でどんどん大きな問題が出てくることになります。その代表的なものが沈黙です。大きな沈黙が出てきたら、「あ、何か大きい沈黙がきたなあ」というのはわかるのですが、そのときにはもう手遅れです。**小さな抵抗が出てきた時点できちんと対処しておくと、大きな抵抗にはなりません**。そのやり方を身につけておくことが大切です。

　ではどうするのかというと、もし、相談者が浮かない顔をしている、浮かない返事が出てきた、というような小さな抵抗が出てきたときは、「○○さん、私が今理解していることは合っていますか？」と聞いてみてください。そうすると、相手は、合っているか合っていないか言ってくれます。

　そもそも小さな抵抗が出てくるということは、何かが少し違うからです。ですので、小さな抵抗の時点で応急処置をし、早めに軌道修正をしていくと、改めて話が展開していくと思います。面談の中で相談者の小さな抵抗を見逃さないように、少し注意深く相手の様子を観察してみることをお勧めします。

第2章　関係構築　55

スキル26 「わからない」と言う相談者への対応①

　相談者から「わからないんです」と発言があったとき、どうすればよいのでしょうか。これは、相談者が「わからない」と言う理由によって対応が別れると思います。**相談者が「わからない」と言う場合、大きく２つの可能性がある**と考えます。

　一つは、本当にわからなくて「わからない」と言っている場合です。本当にわからないのであれば、「わからない」と言われるのは仕方がないというか、ある意味当然というところです。もう一つは、関係性があまり進んでいないため「わからない」と言われてしまう場合です。そのときは、ラポールのところにもう少し気を使って、しっかりとラポールを形成していくと、不信感からの「わからない」というはなくなるのではないかと思います。まずはラポールを意識してみてください。

　ラポールを意識した具体的な対応としては、例えば面談の冒頭であれば、初めの挨拶やアイスブレイクでリラックスしてもらうのが一つの方法です。相談者が自分を開示しやすい雰囲気を作ります。そして、面談の冒頭で相談者とのラポールをしっかりと構築することで、相談者は安心して、自分の本音や深層の感情にアクセスしやすくなります。

　また、相談者に「わからない」と言われたときには、その言葉だけでなく、相談者の表情や態度、言葉の選び方などにも注目してみてください。そこから相手の状態や気持ちを読み取る手がかりが得られます。相談者の表情や態度が硬い場合、緊張していたり、抵抗していたりする可能性があります。相談者がどのような状態にあるのか理解するためにも積極的に表情や態度を観察しましょう。また、表情や態度に変化があれば、それが何を示しているのか質問することで、より深

く相談者を理解することができます。

　質問を工夫することも役に立ちます。質問は相談者の話に基づいたものにすることで、相談者に考えや感情を深掘りすることにつながります。質問は開かれた形で、相談者が自分の意見や感情を自由に表現できるように心がけましょう。「何を感じていますか？」や「どんなことが気になっていますか？」といったオープンな質問が役立ちます。

ひと言コラム

◎「わからない」はメッセージ

　キャリアコンサルタントから何かしら質問した際、相談者に「わからないです」と応答されると、ちょっと残念な気持ちになることはありませんか？

　「ここで出てきた答えを使って次の話を進めていこうと思っていたのに…」などといった場合、特にその気持ちが大きくなります。欲しかったものが得られなかった、そんな気持ちに近いかもしれません。

　ただ、どのような答えも相談者の思いです。ですので、まずは「あぁ、この相談者は今、○○についてわからないのだな」と受け止めることが大事です。

　それを受け止めることが、関係構築にもつながりますし、場合によっては、「○○についてわからない。そうか。だから、相談者は今困っているのかもしれない」と問題把握につながることもあります。「わからない」という答えも相談者のあり様を示すメッセージなのです。

第2章　関係構築　57

スキル27 「わからない」と言う相談者への対応②

　相談者から「わからないです」と連呼されると、そこで面談が硬直してしまうこともあります。

　相談者が「わからない」と連呼する理由は、主に２つあると前述しました。一つは、本当に理解していないことである場合、もう一つは、相談者との信頼関係やラポールが形成されておらず、本当は話したくないという気持ちからくる場合です。ここでは、このような場面で、他にどのような対応ができるかを考えたいと思います。

　例えば、相談者に「わからないです」と言われたら、逆に「わかっていることを教えていただけますか？」と聞いてみるというアプローチもあると思います。なぜなら、相談者が「わからない」と言うのは、こちらから「○○についてはどうですか？」と聞いたことに対して、「わからない」と言っているので、自分がわかっていることだったらお話しできるはずです。

　具体的な対応としては、「わからない」とばかり言われたら、まず謝罪をします。「わからないことばかりお聞きして、申し訳ございません」と、きちんと謝罪をして、その上で「もしよろしければ、逆にわかっていることについてお話ししていただいていいですか」と聞いてみます。そうすると、相談者は今までは「わからない、わからない」と思っていたけど、「私がわかっていることって、何なのかな…」と考えてくれると思います。そして、その上で、何かポツポツと話が出てくるかと思います。そうすると、それを拾って、面談を展開していくという流れになります。

　また、「わかっていることを教えていただけますか？」と言ったときに、何かを話してくださる方もいるかと思いますが、逆に、それを

聞いて「何ですかそれ？」、「何を言えばいいんですか？」などと言われることもあるかもしれません。そんなときにもうろたえずに、「そういう答えが返ってくることもあるよね」と受け止めてください。**相談者から何を言われても受け止める覚悟が、キャリアコンサルタントには必要です**。そして、そのように言われたら、「今一番強く思っていることは何ですか？」、「今一番気になっていることを教えていただけますか？」といった質問をします。相談者は何か悩みや相談したいことがあって来ていますので、自分が思っている部分に焦点を当てることで「私、今何を一番強く思っているのかな」、「何が一番気になるのかな」と考えて、そこから「そうだ、これだ」といった感じで、そこからまた話していただけるかと思います。それを突破口というか、手がかりにして、再び話を進めていけば面談も適切に展開していくと思います。

スキル28 「わからない」と言う相談者への対応③

　相談者から「わからないです」と繰り返されると、キャリアコンサルタントとしては、「どうしよう」と焦ってしまうかと思います。では、そのときにどうするかというと、**対応方法の一つとして「自己開示」があります。**自己開示というのは、文字通り、自分のことをさらけ出すという意味です。

　もしも相談者から「わからない」と繰り返されたときには、その方に対して、まずは「『わからない』ようなことを聞いてしまって申し訳ありません」と謝罪をします。そして、その後、相談者に対して、「私が○○さんに対して感じていることや、今お話ししていることって合っていますか」、もしくは、「もしかしたら私の理解が何か間違えているところはないですか」、というように聞いてみます。これが「自己開示」です。自分がちゃんと相手のことを理解していないかもしれないということを開示するのです。相手に対して、「できていないですよね、私」ということを伝える、開示するということです。

　そうすると、相談者も、「そういう訳ではないんですけど…」、または、「そうなんです。ちょっとそこが違うんですよね」などと言ってくれて、そこからまた話の展開が見えるのではないかと思います。

スキル29 面談の進め方について

　面接を進める際、このようなやり方をされている方はいませんでしょうか。

　例えば、面談が始まり、「今日は私が担当させていただきます。○○と申します。よろしくお願いいたします」、「今日はどのようなご相談ですか」といって相談者の話を聞きます。相談者は、「私は〜で、〜で…」と、いろいろと話してくれるかもしれません。その後、キャリアコンサルタントが、「ありがとうございます。では、次に、家族構成から教えてください」と、相談者に家族構成について話していただく。そして「それでは、次に、今のお仕事の内容を教えてください」といって、相談者に現在の仕事について話していただく。さらに、「じゃあ、それが終わったら…、えっと、それから…」というように、あらかじめキャリアコンサルタントが設定した順番に従って面談を進めていく…。こうした進め方をしている方もいらっしゃるのではないでしょうか。

　筆者が伝えたいのは、こうした方法が絶対にダメだとか、この教え方が絶対にダメだとか、否定している訳ではありません。これは、こういった進め方をすると、相談者がどのように反応するか、という話です。

　基本的にキャリアコンサルタントは、相談者に気持ちよくたくさん話していただける場を提供し、そこで積極的にサポートしていく役割にあります。その観点から考えると、最初からキャリアコンサルタントが決めた台本のようなものに従って面談を進めていくことで、相談者がどうなるかを考えてみていただきたいのです。このような状況で、相談者が本当に話したいことを十分に話せるでしょうか。

第2章　関係構築　61

やはり、キャリアコンサルティングは相談者が中心であり、相談者主導で進めていくものです。そのためには、**本当に相談者が中心になっているかどうか、振り返ることが大切です**。キャリアコンサルタントが中心になって進めるやり方であると、相談者の思いはあまり反映されないかもしれません。あらかじめ設定した順番に従って面談を進めていくやり方が本当によいのか、今一度考えてみてください。確かに、キャリアコンサルタントからするとはじめから進行の順序が決まっているとやりやすく感じるでしょう。しかし、キャリアコンサルティングは相談者中心で進めていくことが非常に重要なのです。もしも今このような方法で進めている方がいらっしゃれば、別の方法も試してみる価値があるかもしれません。相談者にとって何がよいのか、再度ご検討いただけると嬉しいです。

スキル30 オープンクエスチョンのバリエーションを多く持つ

　相談者にはたくさんお話をしてもらいたいので、私たちキャリアコンサルタントはいろいろと質問をすることになります。ただ、同じ質問を何回もしてしまっていることがあります。例えば、相談者が言ったことに対して行う、「もう少し詳しく教えてもらってもいいですか」というような質問で、よく使われる質問でもあります。ここではその質問が良いか悪いかといったことではなく、この質問を頻繁に使うことの影響について考えてみたいと思います。

　面談の際に相談者に、「もう少し詳しく教えてもらっていいですか」と言ったところ、相談者から「何を言えばいいですか？」と尋ねられることがあります。皆さんならどう対応しますか？　ここで「では、○○について話してください」と自分の関心、自分が知りたいこと、求めている情報を話してもらおうするのはあまりよくない対応だと考えます。

　では、このような場合にはどうすればよいのでしょうか。これはあくまで一つのアプローチですが、相談者に「何を言えばいいですか？」と言われたら、まずは質問がわかりにくかったことを謝罪します。その後、今一番強く思っていることについて尋ねます。すると、相談者は考えて何かを話し始めます。その上で、「今、○○とおっしゃったんですけど、その○○についてもう少し詳しく教えてもらっていいですか」と相談者が言ったことをさらに詳しく話してもらえるよう問いかけます。この場合、先の「もう少し詳しく教えてもらっていいですか」と同じような質問でも、相談者が言った言葉に対して問いかけているので、相談者の話したいこと、相談者に考えてもらえるような質問になっています。そのため、相談者の気持ちを掘り下げていく展開

第2章　関係構築　　**63**

になっていくのではないかと思います。

　「もう少し詳しく教えてもらっていいですか」、という言い方が悪いとか良いとかではないのですが、このままだと少し曖昧な質問だと感じます。そのため、相談者にとっては答えにくい場合があります。具体性を持たせるためには、相談者が言った言葉やキーワードに焦点を当てて質問するとよいでしょう。例えば、相談者が特定のキーワードを使ったときに、そのキーワードに関連する質問をすると、相手が考えるきっかけになります。

　オープンな質問を行う際には、バリエーションを持つことが重要です。ここで見た例のように、同じ質問を何回もしているとき、その質問は汎用性は高いかもしれませんが、一方で具体性に乏しく、相談者は何を答えたらよいのかわからないこともあります。また、同じような質問を繰り返しすぎると相手を困惑させることがあります。そうならないためにもバリエーションを持つことが大切なのです。

スキル31 「それがわからないから相談に来ているんです」と言われたら

　面談の中でのよくある失敗例として、相談者から「それがわからないから相談に来ているんです」と言われてしまうことが挙げられます。なぜそのように言われてしまうのか、その理由について考えてみたいと思います。

　このようなことが起こる場面としてよくあるのが、キャリアコンサルタントが「今後どうなりたいですか」といった質問を投げかけたときです。この質問自体は悪い質問ではありません。むしろ、すごくよい質問だと思います。ただし、タイミングが重要です。このような質問を面談の初期に相談者に投げかけると、相談者から「それがわからないから相談に来ているんです」と言われてしまうことが多いかもしれません。

　では、なぜ相談者からこのような言葉が出てくるのでしょうか。それは、まず、まだ面談が始まったばかりで、しっかりと相談者の話を聞いていない段階、傾聴が浅い状態でこの質問を投げかけてしまっているからです。そしてもう一つ、良好な関係構築ができていない場合に、この質問をしてしまっているからということがあります。

　つまり、まだ傾聴が浅いときや、良好な関係構築ができていないときにこの質問をすると、相談者からはあまりよい反応を得られないことが多いです。

　そうならないためには、まず相談者の話をしっかり聞くことです。カウンセリングスキルを使って傾聴し、ある程度のラポール形成ができた後に、この質問を行うとよいでしょう。実際に、**傾聴し、良好な関係構築ができた上で、「今後どうなりたいですか」と聞いたときには、相談者がしっかりとこの問いに答えてくれることが多いです。**

第2章　関係構築　**65**

ですので、もし相談者に「今後どうなりたいですか」と聞いたとき、「それがわからないから来ているんです」と言われたことがあるという方は、質問のタイミングに注意を払って、今後ロールプレイの練習などを行うとよいと思います。

ひと言コラム

◎「それがわからないから…」と言わせてしまうのは

　本項では、「今後どうなりたいですか？」を例に挙げましたが、実はこれ以外の質問もあります。例えば、「どうしたらいいと思いますか？」や「何があったらいいと思いますか？」などもこれに当たります。これらも質問自体が悪い訳ではありません。ただ、繰り返しになりますが、タイミングが大事なのです。

　相談者に「それがわからないから相談に来てるんです」と言わせてしまう理由は、さまざまあると思いますが、一つはこれらの質問はキャリアコンサルタントが相談者の訴えている問題に向き合ってくれていないように感じること、そして、解決（解決像、解決策）を安易に相談者に投げてきているように感じること、それが相談者の反発にも似た感情を引き起こしてしまうのではないでしょうか。

　キャリアコンサルタントとしては、まず相談者が何に困っているのか、しっかりとよりそい、関わっていくことが大事だと感じます。

スキル32 「あなたに何がわかるんですか？」と言われたら

　相談者から「あなたに何がわかるんですか？」と言われてしまったら、どうしたらよいでしょうか。これは、相談者の性格や態度、例えばその方が上から目線の態度だということが問題なのでしょうか。もちろん、そのような場合もあるかもしれません。上から目線の態度の人は確かにいます。そのような人から威圧的に言われたら、「どうしよう…」と感じるかと思います。

　しかし、相談者の性格や態度の問題と決めつける前に、一度考えていただきたいのは、なぜその人が「あなたに何がわかるんですか？」と言っているかということです。相談者にこのように言わせているのは誰でしょうか、ということです。このように考えていくと、そのような言葉を相談者に言わせているのは、紛れもなくキャリアコンサルタントです。つまり、キャリアコンサルタントが、相談者に「あなたに何がわかるんですか？」と言わせるようなキャリアコンサルティングを行っているということです。

　相談者の言葉というのは、そのキャリアコンサルタントがその相談者から引き出している言葉なのです。ですので、もし、面談の中で相談者がこのような態度になったときには、「なぜこの相談者はこのようなことを言うのかな」、「なぜこのようなものの言い方をするのかな」と考えながら、それはもしかしたら自分の関わりに原因があるのではないか、ということも考えてみてください。そうするとこの後どのように対応すればよいかも見えてくるかと思います。

第2章　関係構築　67

スキル33 相談者に間違いを指摘されたときの対処法

　あまりないことかと思いますが、キャリアコンサルタントが面談中に間違ったことを相談者に指摘された場合の対応方法について考えてみたいと思います。

　例えば、キャリアコンサルタントが、相談者は主任として後輩の方々をまとめる立場にあるというお話を聞いていたとします。そして、質問をする場面で、「部下の方々はどのように思っていますか？」という質問をしました。すると、相談者は即座に、「私は主任なので、部下はいません」とおっしゃった。このような場面を例に考えてみましょう。

　この相談者が言うように、主任には部下がいないのです。キャリアコンサルタントが間違ったことを言ってしまったということです。しかも、それを相談者から指摘された。そのときに、まず行うことは、相談者からの言葉を受け止めてから謝罪することです。せっかく相談者が伝えてくれたので、それに対して「そうでした。主任でしたね。部下の方はいらっしゃいませんよね」とまず受け止めてから、「大変失礼いたしました。申し訳ございませんでした」と謝罪します。その上で、「改めてご質問なんですけれども…」という感じで続けます。

　もし自分が何かで面談中に間違ったことを言ってしまった、それを相談者から指摘されてしまったというとき、そこでパニックになって真っ白になってしまう方もいるかもしれませんが、少し頑張っていただいて、**必ず受け止めてから謝罪するということをやってみていただきたいです**。そうすると、ラポールをつなぎとめることができ、関係性が良好なまま、面談を続けることができます。

　一方、相談者から指摘されたときに、それを受け止めない、間違い

を認めないという対応は、キャリアコンサルタントに対する不信感につながってしまいます。スルーしないで、頑張って受け止めて、謝罪をして、その上で面談を続けていただければと思います。

ひと言コラム

◎ 間違いや知らないことへの対応方法

　キャリアコンサルティングの中では、キャリアコンサルタントが間違うことや、知らないことが話題に上がることもあるかと思います。もちろん間違いや、知らないことはないに越したことはないのでしょう。ただ、キャリアコンサルタントも人間なので、間違うことも知らないこともあります。

　大切なのはそのこと自体よりも、その後の対応です。知らないものについては、「自分は知らない」ということをきちんと相談者に伝えること（きちんと謝罪した上で）、また、必要であればあとできちんと調べた上でお伝えする、また、間違えたら間違えたでそれを認めて（これも謝罪した上で）、間違えを修正した上で話を続ける、といった対応ができることのほうが大切です。相談者に誠実に対応することです。このような誠実さというのはキャリアコンサルタントだからというよりも、人と人とのコミュニケーションのあり方として大切だと感じます。

スキル34 傾聴ができているかどうかの判断基準

　傾聴は非常に重要なスキルで、カウンセリングの基本中の基本といえるものです。では、傾聴ができているかどうかの判断基準とは何でしょうか。皆さんも自分が傾聴できているのか疑問を感じることがあるかもしれません。

　傾聴ができているかどうかを判断するために、自分が傾聴しているときにどんな気持ちになっているかを少し注意して感じてみてください。その際の判断基準の一つとして挙げられるのは、相談者に「アドバイスしたい」、「反論したい」といった気持ちが出てくるかどうかです。

　傾聴をするには、常にニュートラルで中立的な気持ちが必要です。キャリアコンサルタントとして傾聴するときには、自分の意見や感情を抑え、相手の話に全体的に注意を向けることで、相談者が自分の気持ちを自由に表現しやすくなります。相談者が安心して話せる環境を提供するためには、キャリアコンサルタントがニュートラルな状態で話を聞くことが大切です。

　つまり、**相手の話を聞いているときに、「あなたはこうしたらいい」、「それは違うんじゃないか」といったアドバイスや反論の気持ちが出てくるとき、それは傾聴ではない**ということになります。

　傾聴ができているかどうかの確認方法として、ぜひ取り入れてみてください。

スキル35 相談者の強い言葉（特徴的な言葉）に注目する

　面談を展開させる一つのコツとして、「相談者の強い言葉、特徴的な言葉に注目をする」ということがあります。「強い言葉」、「特徴的な言葉」に注目するとはどういうことかというと、相談者の話を聞いているときに、「この人は、なぜそのようなことを言うのかな」、「なぜこんな言葉を言うのかな」ということを気にかけるということです。そして、その言葉を相談者に伝え返していくと、そこからどんどん話が展開していくようになります。**そこには相談者の強い気持ちがあるからです。**

　では、その強い言葉、特徴的な言葉にはどのようなものがあるか、例を挙げてみます。どれが強い言葉、特徴的な言葉なのか考えながら読み進めてください。

　1つ目は、「今は頭の中がごちゃごちゃしているんです」と言われたら。

　ここでの強い言葉、特徴的な言葉は、「ごちゃごちゃ」です。

　2つ目は、「心にぽっかり穴があいたような感じがするんです」と言われたら。

　ここでの強い言葉、特徴的な言葉はどれでしょうか。「ぽっかり穴があいた」です。このような感じです。
　では、例えば、相手が「今頭の中がごちゃごちゃしているんです」と言っている相談者にどう対応するかというと、「ごちゃごちゃされ

第2章　関係構築　　71

ているんですね」と受け止めた上で、「ごちゃごちゃって、どんな感じですか？」という風に聞いてみてください。そうすると、その方の気持ちがどんどん出てきますので、どんどん話していただけると思います。2つ目も同様です。「心にぽっかり穴があいたような感じがするんです」と言われた場合、「心にぽっかり穴があいたような感じなんですね。心にぽっかり穴があくっていうのは、どんな感じなんですか？」と、ちょっと聞いてあげてください。

　このように相談者の強い言葉、特徴的な言葉に注目して、それについて聞いていくと、面談が展開を見せはじめるかと思います。

スキル 36 キャリアコンサルタントの 考えや思いは、どうでもよい

　キャリアコンサルタントとしてのあり方、心構えについて考えてみたいと思います。大前提としては、**キャリアコンサルタントの自分の考えや思いは、もうどうでもよい、ということです。**

　もちろん、キャリアコンサルタントにも自分というものがあり、主観があり、自分の思いや気持ちがあり、その上で毎日の生活をしています。日常生活を送る分にはそれでよいです。ただ、キャリアコンサルタントとしてのあり方を考える際には、少しそこを切り離して考えていただきたいと思います。キャリアコンサルタントとして相談者に対応する際には、日常の自分の考えや思いというのはもうどうでもよいのです。少し言葉は強いかもしれませんが、筆者もいつもこのように思いながらキャリアコンサルティングに臨んでいます。

　ただ、キャリアコンサルタントの中には相談者に自分の話を聞いてもらいたいと思っている人もいたりします。相談者に対して「何か役に立つことを話してあげたい」、「何かこうしてあげたい」、「だから私の話をちょっと聞いて」といったような感じです。これでは、まったく相談者中心になっていません。

　また、よく聞くのが、試験のときに発表会のようになっている方がいるということです。「今まで私が一生懸命頑張ってきたこのロールプレイを見て！」、「すごく勉強していろいろやってきた私を見て！」という感じで受験される方がいるのですが、試験はそのような場ではありません。当然、受験のときでも目の前にいる相談者が一番です。目の前の相談者に寄り添うことが大前提です。

　さらに、相談者は何かに迷っていたとしても、必ずしもはっきりと白黒をつけたい訳ではないのです。キャリアコンサルタントが「どっ

第2章　関係構築　73

ちにするの？」と迫るような関わりを行う場合があるのですが、そもそもどっちにも決まらないから相談に来ているのです。それなのに「どっちにするの？」とキャリアコンサルタントがだんだんイライラしてくることもあったりします。こうなると、おそらくこの相談者は次の面談には来てくれないと思います。イライラするのは、キャリコンサルタント個人の特性なので、ある意味では仕方がないことだと思います。

　ただ、「あ、私今なんか、ちょっと、イラっとしているな。でも、自分の話じゃないし」と、自分の考えや思いはもうどうでもいいんだなと感じて、そのイライラをちょっと脇に置くということができるとよいですね。「これは勝手に私がイライラしているだけなので、ちょっと脇に置こう」という感じです。

　キャリアコンサルティングは相談者中心で行うものです。キャリアコンサルタントが自分中心になって、相談者が置き去りになってしまわないよう、「キャリアコンサルタントの自分の考えや思いはもうどうでもよい」、ということを考えてみてください。

関係は維持することも大事

スキル 37

キャリアコンサルティングでは、相談者との関係構築は基本であり、とても大切なものです。相談者との関係構築なしに面談は適切に展開しないでしょう。皆さんも関係構築のためにさまざまなことを意識しながら相談者と関わっていると思います。

「関係構築」という言葉だけ見て、いったん関係ができてしまえばそれでよいのかと思っている方がいるかもしれませんが、そうではありません。日常生活でも人と人との関係性は良くなったり、悪くなったりと常に変わり続けているかと思います。キャリアコンサルティングにおいてもそれと同じことがいえます。一度構築した関係は、それを維持するための努力も必要なのです。

特に面談が進み、問題把握や具体的展開の段階になると、キャリアコンサルタントからの介入の場面や、相談者に自身の問題に直面してもらう場面などもでてきます。そうした場面では関係性は落ちてしまいがちです。そのまま放置しておくと、それまでどれだけ関係が良好だったとしても、関係性が落ちて面談が適切に進まなくなります。

そうならないためにも、終始相談者との関係性に気を配りながら、関係性が落ちてきているように感じたら、傾聴技法を用いてメンテナンスに努めましょう。ここで関係性が落ちていることを無視して押し切ろうとすると、相談者が抵抗したり、提案を受け入れなくなったりといったことになりかねません。

そのため、**相談者との関係性は面談が続く限りはずっと意識し続けることが必要です**。関係構築だけでなく、維持し続けることも関係構築と同じくらい大切なことだと認識して、常に関係性を意識しながら進めていきましょう。

第2章　関係構築　75

第3章

問題把握

　関係構築を適切に行いながら、相談者からさまざまな語りを引き出していきます。そこから問題把握の段階に入ります。
　問題把握は、相談者が話してくれたことの中から、①相談者が相談したいこと、②相談者が訴えている以外の相談者の問題（いわゆるキャリアコンサルタント視点の問題）を把握することです。
　適切な問題把握のためには、まずは相談者との関係構築が適切に行われていることが前提となります。それとあわせて、問題を適切に把握するために必要なスキルもあります。
　相談者に何を問いかけ、返ってきたものをどのように捉えるか、相談者の語りの中から問題を把握していくときに役立つスキルについて見ていきましょう。

スキル38 堂々巡りから抜け出すには

　「面談が苦手」という方のロールプレイを見ていて気になることがあります。それは、ロールプレイの間、同じ話をくり返している方が結構多いことです。いわゆる堂々巡りです。それはなぜかというと、感情の受け止めや共感的な関わりが少ないからだと考えます。現状を確認しているだけで、それ以上進展せず堂々巡りしている方が多いのです。おそらく、本書をご覧になっている方の中にも、「私もそうなのかもしれない」と感じている方がいるかもしれません。

　現状を確認すること自体は問題ではありません。キャリアコンサルタントとして、相談者のことを知りたいし、問題を把握したいと思っているからです。ただ、確実にいえることは、現状の把握だけではほとんど進展しないということです。とはいえ、なかなか現状確認をやめられない方も多いです。なぜなら、そうした方たちにとっては、現状確認をしないことは難しいことだからです。

　では、堂々巡りから抜け出して次に進むためにはどうすればよいのでしょうか。

　具体的な例として、相談者が「私は契約社員なのですが、来年度は更新がないという噂を耳にしてどうしようかと思っています」と言ったとします。ここで皆さんならこの相談者にどのような質問をしますか?

　もしかしたら事柄を把握したくて、事柄に関する質問をするかもしれません。例えば、「更新はどれぐらい続いているのですか?」などです。これは、具体的な事柄についての質問です。続いて、それ以外の質問を考えてみましょう。例えば、「『どうしようか』というのは、どのようなことを考えていますか?」です。これは事柄の質問ではあ

第3章　問題把握　79

りませんね。相談者自身が「どうしようかと思っている」と言っているので、その「どうしようか」という気持ちとはどんなことなのか、何を考えているのかを引き出す質問です。

このように**キャリアコンサルティングでは、相談者の気持ちに焦点を当て、それを引き出すことが大切です**。相談者の思いや考えを引き出すことで、より深い理解が得られます。

事柄に関する質問ばかりしている方は、事柄についての質問に加えて、それ以外の質問、つまり相手の気持ちに焦点を当てた質問についても考えてみることをお勧めします。例えば、「今の部署は何人ですか？」や「今どんな仕事なんですか？」といった事柄の質問に加えて、次に「どうしようかと思っているのは、どのようなことを考えていますか？」といった質問を考えてみるのです。練習を繰り返していくと、事柄以外の質問についてもスムーズに言えるようになるでしょう。事柄に関する質問が多くて堂々巡りしてしまう方は、ぜひ試してみていただきたいと思います。

スキル39 まずは「本人」の話を聞く

　キャリアコンサルティングを行う中で、相談者の家族や同僚、上司といった相談者を取り巻く人々のことが気になり、確認したくなってしまうという方もいると思います。

　特に、試験では、事前に相談者のプロフィールと共に家族構成が示されていることから、そこから関係者についていろいろなことを想定してしまいます。「高齢の親御さんがいるから介護の問題があるかもしれない」、「小さいお子さんがいるからこれから教育資金が必要なのでは」などです。

　そして、面談の中で相談者がそれらの人について言及しないうちから、「そういえば、お子さんがいらっしゃいましたよね。これからお金が必要ですよね」などと話をし始めたりしてしまいます。これはキャリアコンサルタントとして問題を把握しようとする試みなのでしょう。もちろん、本当に相談者がそのような問題を抱えていることもあります。また、本人は自覚していなくても、それらのことが相談者の問題と関連していたり、相談者が今後よりよい人生を歩んでいく上ではそれらの問題を考えていくことが有益である場合もあります。

　ただ、「じゃあ、やっぱりまず○○（家族、同僚、上司など）のことは聞いておかないと」というのは少し違います。相談者はまず自分のことを聞いてほしくてキャリアコンサルタントのもとを訪ねてきます。まずは自分のことを聞いてほしい、そのときにキャリアコンサルタントが、「そういえば、○○は…」などとほかの人に話題を向けたとしたら、相談者はどう思うでしょう。おそらく、「何でいきなりそんな話をするの？」、「私が話したいことはそれじゃないのに…」となってしまうのではないでしょうか。そうして相談者が話したいこと、問

第3章　問題把握　81

題から遠ざかってしまいます。また、相談者によっては、そのようなプライベートな領域の話を聞かれたくない場合もあります。

　もちろん相談者本人から周囲の人たちに関する話題が出てきたり、相談者の問題との関連が明確であればそのようなことを話題にする場面も出てきます。周囲の人たちのことが相談者の問題と関係があるのであれば、こちらから何も言わずとも相談者自身からそれらの人たちのことが話題にあがってくるはずです。そのときに聞けばよいことです。キャリアコンサルタントの興味や思い込みで話題に挙げるのは控えるべきです。

　繰り返しになりますが、相談者はまず自分のことを聞いてほしくてキャリアコンサルタントのもとを訪ねてきます。**キャリアコンサルティングの時間は相談者のための時間です**。まずは相談者自身の話を聞いていただければと思います。

スキル40 「本質を突いた質問」とは

　「本質を突いた質問」は非常に重要なスキルです。今本書を読んでくださっている皆さんにも、その点をしっかりと理解していただきたいと考えています。キャリアコンサルタントとして、皆さんは相談者にさまざまな質問を投げかけていると思います。その際、本質を突いた質問についてしっかり理解していれば、適切な展開につながりやすくなります。

　例えば、相談者が「仕事が嫌でしょうがない」と語ったとします。このとき、本質を突いた質問としては「仕事とは何ですか？」というものがあります。これを相談者に問いかけるのです。この質問は、相談者にとって仕事とは具体的に何であるか、どうして嫌だと感じるのかを探るものです。このような質問は相手に深く考えさせ、重要な洞察を得るための効果的な手法といえます。

　同様に、「私は会社で評価されてないのではと思うのです」という相談者の発言に対して、「○○さんにとって評価とは何ですか？」と質問します。この質問も非常に端的でありながら、相談者にとって評価とは具体的に何であるかを探ることに役立ちます。相談者が自分にとっての評価の意味について考え、話し始めることで、深い洞察が得られることがあります。

　本質を突いた質問は、相手が感じていることや考えに焦点を当て、それを深く理解する手段となります。これらの質問を理解し、上手に使いこなすことが、よい対話と深い洞察を生むポイントとなります。

　本質を突いた質問が苦手な方の場合、質問が長くなる傾向があります。質問が長いと、相談者が何を聞かれているのか理解しづらく、答えにくい状況が生まれることがあります。相談者は何を聞かれている

第3章　問題把握　83

のかがよくわからないので、「何か多分こういうことかな」といった感じで、質問の意図を十分理解できないまま答えます。それに対してキャリアコンサルタントも、相談者の答えに手応えを得られないまま、また長くわかりづらい質問をしてしまう…となりがちです。そうなると、あまり適切に展開もできず、信頼関係も十分築けない、ということになってしまいます。

　また、長い質問の中には、キャリアコンサルタントの前提（誘導や思い込み）が含まれていることがあります。これが相手に抵抗感を与えたり、適切な回答を難しくさせたりする要因となります。質問は端的かつ簡潔にまとめ、相手に理解しやすい形で伝えることが大切です。短く端的な質問は、相手にとっても理解がしやすく、そのため適切な回答が得られやすいです。短く的確な質問スキルを身につけることで、相談者とのより効果的なコミュニケーションが可能になります。ぜひ実践で活かしてみてください。

スキル41 「どうして〜？」と 聞いていませんか？

　キャリアコンサルティングの中で、相談者に「どうして〜？」と聞いていませんでしょうか。相談者の問題の背景を知ろうとしての言葉がけだと思います。もちろん、絶対にこの言葉を使ってはいけないということではないのですが、それを言われた相談者がどう感じるかということを考えてみていただきたいです。

　例えば、

> 「どうして宿題やらなかったの？」

　皆さんであれば、このように言われると、どのように感じるでしょうか？

　一方、

> 「宿題ができなかったのは何があったの？」

　これは先ほどの「どうして〜」と比べて、気持ち的にはいかがでしょうか？

　おそらく後者のほうが、「実は…」と詳しく背景を話してくれると思います。一方、前者は責められている感じがします。答えも身構えたものになってしまいそうです。このように「どうして〜」という言葉は、相手に「責められている」感じを与えて、身構えさせてしまいます。ですから、**「どうして」という言葉はカウンセリングの際には極力使わないほうがよい**でしょう。

　ただ、自分が「どうして」という言葉を使っているかどうかというのはわかりづらいと思います。それについては、逐語記録を作成して、「どうして」と言っているところを探してみる。もしあれば、それを別の言い方で聞くことができないか考えてみてください。そうするこ

第3章　問題把握　85

とで、相手を責めるような質問を避けることができると同時に、質問のバリエーションを増やすことにもつながります。

ひと言コラム

◎「どうして〜?」をどう言うか

「どうして〜?」という聞き方を、ではどのように言えばいいのかわからないという方もいらっしゃるかもしれません。

いくつか例を挙げてみましたので、言い換えを考えてみるとともに、それぞれの伝え方を（自分が相談者だったら）どのように感じるか、違いを感じてください。

例1
Ⓐ　どうして会社を辞めたんですか?
　　　　　↓
Ⓑ　会社を辞めたのは何があったのですか?

例2
Ⓐ　どうして〇〇の仕事がしたいのですか?
　　　　　↓
Ⓑ　何のために〇〇の仕事がしたいのですか?

例3
Ⓐ　どうしてそのように思うのですか?
　　　　　↓
Ⓑ　どういったお気持ちからそのように思うのですか?

「どうして〜?」の例に限らず、相談者として受け取りやすい、考えやすい聞き方とはどのようなものか、考えるきっかけにしていただければと思います。

スキル42 「見立て」の練習方法

　「見立て」はキャリアコンサルタントが相談者の本質的な問題点を把握し、的確なサポートを提供するために非常に重要なものです。**見立ては、ロールプレイ以外にも、日常の会話を通じてそのスキルを養うことができます。**

　見立ての練習においては、「問題点の把握」とあわせて、なぜそのように感じるかの「根拠」を捉える練習を行いましょう。例えば日常の会話の中でも、相手の話を聞きながら、どのような点が問題であると感じるかをイメージし、それに対する根拠を考えてみます。

　例えば、相手の話を聞いていると、いろいろと感じるところが出てくるかと思います。「この人、ここが〇〇だなぁ」、「こういうところが、もしかしたらこの人の問題かもしれないな」といったことです。これが見立ての基のようなものです。それらが、話を聞き続ける中でだんだんと具体的なイメージとして出来上がっていき、「この人には〇〇という問題があるのかな」と問題点が明確になってきます。これが見立ての練習です。

　日常的にこのような練習を行うことは、キャリアコンサルタントから見た相談者の問題点を見立てることに役立ちます。そして、キャリアコンサルティングにおける見立てでは、問題点とあわせて根拠も必要になります。そのため、日常の練習においても、見立てとあわせて、なぜそのように感じるかの根拠を考えるようにしてみましょう。

　このようなプロセスを通じて、キャリアコンサルタントとして見立てる力を養っていくことができます。何度も繰り返して練習していくと、およその見当がつくようになり、コツがつかめてくると思います。

　ちなみに、キャリアコンサルティングにおいて見立てを考える際に

は、専門家として考え、話をしてください。近所の人に相談して、近所の人でも言えるような問題把握ではよくありません。キャリアコンサルティングの専門家として、専門家だからこそ言える問題点を捉えられるようになることが大切です。「こういうところが問題だ」ということを、専門用語なども適切に使いながら、根拠を交えて述べる練習をしておくとよいと思います。

ひと言コラム

◎「専門家だからこそ言える」こととは

　本項では、見立てを考える際には「キャリアコンサルティングの専門家として、専門家だからこそ言える問題点を捉える」ことが大切だとお伝えしました。
　では、キャリアコンサルタントが、「専門家だからこそ言えること」とは何でしょうか。これは「キャリアコンサルタントの専門性とは何か？」という問題とも重なってきます。
　キャリアコンサルタントはキャリア形成支援の専門家です。キャリアコンサルタントの皆様はすでに専門家として必要な知識を学んできているはずです。例えば、「キャリアガイダンスの6ステップ」というものがありました。他にもさまざまなキャリア理論やカウンセリング理論などがあります。これらの知識に基づく知見が「専門家として言えること」になります。キャリアコンサルタントとして活動する際は、「キャリアコンサルタントの専門性とは何だろう？」ということを考え、「キャリアコンサルタントだからできる支援」を実践していっていただきたいです。

スキル43 見立てについて①

　見立ては、「相談者が気づいていない問題」をキャリアコンサルタントが把握することです。キャリアコンサルタントが、相談者から発せられるさまざまな情報にアンテナを立て、捉えていくことが必要です。ただ、このときに「何か問題を見つけてやろう」と躍起になっている方をときどき見かけます。見立てることは、あら捜しとはまた違うので、その点は注意していただきたいです。このような関わりは関係構築上もよくありません。自分のあら捜しをしようとしている人に対して信頼して心を開けるでしょうか。

　どうしてこのようなことになってしまうのか。それは、問題を把握すること自体が目的になってしまっているからだと考えます。ここで改めて見立ての目的を考えていただきたいです。どうして見立てが必要なのか。それは、相談者のよりよい問題解決につなげていくことができるからです。言葉を変えると、「相談者のため」になるからです。一方、問題を見つけること自体が目的になっているときは、「キャリアコンサルタント自身のため」になっています。このような姿勢で捉えた問題は、問題解決に役立たないことも多いです。**「何のため」、「誰のため」に見立てをしているのかを心にとめながら問題把握に努めることとが、より適切な（役に立つ）見立てにつながります。**

　また、「問題」という言葉から、「その人の欠点、悪いところ」というイメージを持っている方もいるのかもしれません。そういったときには、「問題＝支援すべきポイント」と読み替えていただくとよいかと思います。

第3章　問題把握　89

スキル44 見立てについて②

　キャリアコンサルタントとして**見立てる問題は、相談者自身が解決できる問題であることが必要です**。相談者に解決できない問題、例えば、過去のことや他人のこと、世の中の問題は、問題として捉えたところであまり効果はありません。具体的には、「これまで○○してこなかったことが問題」、「上司の理解がないことが問題」、「景気が悪いのが問題」などといったことです。

　たしかに、それらが相談者の問題を作り出している場合もあります。しかし、キャリアコンサルティングにおいて問題解決に取り組むのは相談者です。過去は変えられません。また、過去のことを言われると、責められているように感じる相談者もいるでしょう。関係構築上もよくありません。他人のことや世の中のことについても、変えられないこともないかもしれませんが、多くの場合それは容易なことではありません。

　また、現在の相談者の能力や状況から考えて、明らかに解決できそうにないことを問題とするのもよい見立てとはいいがたいです。例えば、未経験の仕事に就いたばかりなのに、「成績をあげられていないことが問題」と言われても、相談者からすれば「そんなこと、できる訳ないのに…」となってしまいます。この後、問題の解決のために行動するのは相談者です。相談者の能力（少なくとも現実的な努力）によってできること、自身の行動で変えられること、それも相談者が「それならできそうだ」と思えるようなことである必要があります。

スキル45 相談者に確認しながら進める

　面談において、キャリアコンサルタントが勝手に問題点を思い込んで話を進めてしまうことがあります。もしかしたら、皆さんの中にもそのような経験をお持ちの方がいらっしゃるかもしれません。問題把握を行い、それを基に面談を進めること自体は、キャリアコンサルタントとして必要なことです。問題なのは、それをキャリアコンサルタントの思い込みで進めてしまっている場合です。

　それを避けるにはどうしたらよいでしょうか。**まずはそのやり方が相談者に合っているかどうかを、相談者に直接聞いてみる**ことです。「え、聞いてもいいの？」と思われた方もいらっしゃるかもしれませんが、これは聞いてもよいことですし、むしろ聞いたほうがよいことです。

　一般的に、キャリアコンサルタントが仮説を持ちながら面談を進めることはよくあることです。しかし、その仮説が思い込みとなって一方的な提案などにつながってしまい、相談者に不快な思いをさせる可能性もあります。そのため、相談者とのコミュニケーションが大切になります。キャリアコンサルタントから見た問題はあくまで仮説なので、その仮説を相談者にぶつけてみるということも大事なことです。相談者とのコミュニケーションの中で、その仮説に対して相談者がどう感じているのかを確認しながら、適切なアプローチを取っていきます。

　具体的には、相談者に、「○○さん、私今○○さんの話を聞いていたら、ここはこんな風に思っているのかなぁと感じたんですけど、合っていますか？」という風に感じたことを伝え、それが正しいかどうか尋ねます。すると、相談者はそれが正しいと感じれば「はい」と答え

第3章　問題把握　91

るでしょうし、感じなければ「いや、ちょっと違うかな」と返答するでしょう。そこで判断ができる訳です。もし相談者が「ちょっと違う」と言った場合は、その違いについて詳しく教えてもらいます。これによって、修正ができ、問題点の共有が促進されます。最終的には、信頼関係の構築にもつながるでしょう。

　相談者に対してこうしたアプローチをすることを躊躇する必要はありません。相談者が違うと言った場合でも、謝罪をして、「その違いについて詳しく教えていただいていいですか？」と問いかけることで、相談者は安心して自分の考えを述べることができるでしょう。相談者に対して勝手に自分の意見を押しつけることよりも、相談者を正しく理解し、柔軟に対応することが適切なサポートにつながります。

スキル 46 「思い込み」とは何か

　キャリアコンサルティングの中では、思い込みのようで、思い込みではないことがあります。「思い込みのようで、思い込みでないこと」とは何だか少しややこしい話ですが、このことについてご紹介します。

　どういうことかというと、例えば相談者が就職活動中の学生で、どうしてもCA、キャビンアテンダントになりたい、でもなかなか採用してもらえないという話があったとします。

　このようなときに、「キャリアコンサルタントから見たその相談者の問題点」の一つとして、「就職先として、CAしかないと思い込んでいる」という問題を見立てる方がいます。しかし、これはどうでしょうか。思い込みではなさそうですよね。というのも、相談者が「自分はこうなりたい、ああなりたい」と思っています。これは思い込みではなく、相談者の強い気持ち、希望です。そうであれば、キャリアコンサルタントはそこに寄り添っていくということになります。

　ですので、相談者が「私はどうしてもCAになりたい。でも、なかなか採用されないんです」と言っているのに対して、「いやいや。CAだけが仕事じゃないでしょう。ほかにも目を向けなさいよ」というのは、キャリアコンサルタントの対応として、少しふさわしくないと考えます。このような場合、思い込んでいるのはキャリアコンサルタントのほうかもしれません。

　では、思い込みというのは、どのようなものでしょうか。**それは「相談者の希望・願望を実現することを妨げている非合理的な考え」といえるのではないでしょうか。**例えば、相談者が「友人は私よりCAにふさわしくないのに採用された。私も採用されるべきだ」と言ったとします。これは何か思い込んでいる可能性がありますね。「友達が相

第3章　問題把握　**93**

応しくない」、「私も採用されるべきだ」というのは、どこからそのように考えているのでしょう。本人に聞いてみないとわかりませんが、合理的な根拠がない場合は、何か思い込んでいそうです。このような違いをしっかりと把握して、面談に取り組んでいただけるとよいと思います。

ひと言コラム

◎「思い込み」に気づくには

　相談者の思い込みに気づくことは、キャリアコンサルタントにとって大切な能力の一つです。ただ、すべての思い込みに気づくことも、関わっていくことも必要ではありません。誰にでも思い込みがあり、あっても構わない思い込みもあります。また、キャリアコンサルティングの時間は有限です。すべてに関わることは非現実的でもあります。

　では、どのような思い込みに気づき、関わっていくべきかというと、相談者の願望を妨げているもの、可能性を制限しているものです。つまり言い換えれば、相談者が自身の可能性を制限するような語りをしているとき、そこに思い込みがある可能性が大きいです。どれだけ「確かにそうかも」と思えそうなことでも（もしくはそういったときほど）「本当にそうなのかな？それは思い込みじゃないかな？」と考えてみることをお勧めします。

スキル47 わかったつもりにならない

　相談者の問題を的確に捉えるためには、「わかったつもり」にならないことが大事です。例えば、「私、今までずっとアルバイトしているんですが、正社員になりたいんです」と言われたらどう思いますか？

　この話を聞いて、「それはそうだよね」、「アルバイトより正社員がいいよね」などと思ったとしたら、要注意です。そのまま面談を進めてしまわずに、ぜひ立ち止まって考えていただきたいです。

　まず考えてほしいのは、相談者はなぜこのようなことを言うのかということです。なぜ正社員になりたいのか。人によって理由はさまざまです。ある人は雇用の安定かもしれません、またある人は収入を上げたいのかもしれません、他にも正社員でなければできない仕事がしたいのかもしれません。あるいは、誰かから正社員になるように言われたので、そのように言っているのかもしれません。また、正社員になりたいというのは口実で、アルバイトを辞めたいだけかもしれませんし、特に明確な理由もなく「ただ、何となく」かもしれません。

　さらに、「今までずっと」とあえてつけ加えていますが、そこにはどんな意味が込められているのか、というのも気になります。「正社員になりたい」と思ったのも、「今」なのでしょうか。それとも「以前から」なのか。いずれにしても、どうしてそうなのでしょう。

　これらは相談者に直接確かめてみないとわかりませんし、もしかしたら相談者自身も明確には気がついていないかもしれません。

　このように、キャリアコンサルタントは、相談者をより正確に理解するためにも、**一見自明に思えるようなことでも（それも思い込みかもしれませんので、むしろ、そのようなときほど）、「この相談者はどうしてそのように思うのか」を理解しようとする姿勢が求められます。**

第3章　問題把握　　95

キャリアコンサルタントとしては、相談者が何か言ったことに対して「この相談者は何でそんなことを言うのかな？」という疑問を常に頭において、相談者の話を聞いていただければと思います。

ひと言コラム

◎ 相談者の気持ちは相談者にしかわからない

　キャリアコンサルティングにおいては、相談者の気持ちを理解し、尊重することが大切です。キャリアコンサルタントが、「こういう状況だったら、普通こう思うよね」などと対応してしまうことは、相談者の気持ちを理解も尊重もしていないことになります。
　確かに、ある事象・状況に対して多くの人が同じような思いを抱くこともあるかと思います。ただ、それでもキャリアコンサルタントとしては、人は一人ひとり異なるということ、そして、何より（他の人がどうであっても）目の前の相談者がどう思っているかが大事、という思いで関わっていただきたいです。
　また、「自分は人とは違う感じ方、考え方をしている」という自覚のある相談者もいます。そのような相談者の場合、その自分の感じ方、考え方をキャリアコンサルタントに理解してほしいのかもしれません。その期待に応えられるようにしたいものです。
　相談者の気持ちは相談者にしかわからない、そのような気持ちで相談者に関わっていただきたいです。

スキル48 相談者から何度も出てくる言葉を捉える

　相談者が何度も繰り返して言う言葉には、それを聞いてもらいたいという意図があります。しかし、キャリアコンサルタント側がそれをスルーしてしまう場合が多いです。ですので、相談者が同じことを何度も繰り返す場合は、その言葉に注意を向けてください。

　例えば、相談者が「私は普通に仕事がしたい」、「私は普通に上司と話がしたいだけなんです」と言っているとします。このとき、**相談者の言葉の中で、相談者が何を聞いてもらいたいと思っているかを考える必要があります。**

　ここで繰り返されている言葉は「普通」です。相談者はそこを聞いてもらいたいと考えられます。そこで、相談者が言う「普通」という言葉が具体的に何を指しているのかを聞く必要があります。例えば、「○○さんが思っている『普通』ってどういうことですか？」と、相談者にとって「普通」とは何を意味するのかを尋ねてみるのです。そうすると、相談者は自分が考えていることをどんどん話してくれるので、話が展開していくようになります。相談者の話を聞く際には、相手が何度も使っている同じ言葉に注意して耳を傾けるとよいでしょう。

第3章　問題把握　97

ギャップを知る

スキル 49

　相談者の問題を捉える際に、ギャップを知ることはかなり有効なアプローチです。例えば、相談者が「仕事で大きなミスをしてしまって、もう辞めたい」と感じているという場面があったとします。そのような状況で、ギャップを理解することとは、「いつからそう感じるようになったのか」を探るといったことです。

　ただ、ここで注意してほしいのは、相談者が「仕事で大きなミスをしてしまったので辞めたい」と言っている場合、すぐに「いつから辞めたいと思ったのか」と聞くのはあまりよくないということです。

　なぜなら、相談者がちゃんと仕事で大きなミスをしてしまったと言っているので、その状況や感情に寄り添って話を進めることが重要だからです。**まずは相談者の気持ちを受け止め、たくさん話してもらうことが重要です。**

　前提となる状況や感情をしっかりと聞いてから話を進めるという順序をきちんと守りましょう。その後に、「『もう辞めたい』と感じたのはいつ頃からですか？」と尋ねます。そうすると、最近だと答えるかもしれませんし、実はそのミスをする前からそう感じていたと答えるかもしれません。

　本人にもわからないということも多いですが、そのミスをする前と後で、何がどのように変化したのかを考えることは、問題把握のためには非常に有効だと思います。ミスをする前はとても楽しく仕事をしていたかもしれません。その楽しい時間について話してもらい、楽しくやっていたということを思い出してもらうことも大切です。そして、その後でミスをしてしまい、辞めたいと思うようになったのか。もしそうだとしたら、ミスをする前と後で相談者にとって何が変わったの

か。このあたりのことを丁寧に探っていくと、さらに理解が深まるでしょう。

このようなギャップを知る手法を使用することで、相談者は自分自身を振り返り、ミスをする前の自分について考えたり、ミスをする前と現在の違いを考えたりすることができます。そうすることで、相談者が考えていることを言葉にでき、気持ちを整理できるようになります。このような手法もぜひ活用していただければと思います。

ひと言コラム

◎ ギャップへのアプローチ

ギャップを捉える視点には、
・過去と現在の比較
・現在と未来の比較
・(何かが) あるとき、ないときの比較
・(誰かが) いるとき、いないときの比較
などがあります。

ギャップを捉えるためには、基本的には比較する双方について、どうだったのか(どうなると思うか)話を聞きます。そして、そこにどのような違いがあるのかを捉え、相談者に示します。それによって相談者が何かに気づくこともあります。

また、ギャップを示すことに加え、そのことについて相談者がどう思うのか、どうしてそのような違いがあるのかなど、さらに掘り下げて聞いていきます。そうすることで、さらに相談者の洞察を深めることができます。比較的使いやすい技法なので、活用してみることをお勧めします。

第3章　問題把握

スキル50 「○○には相談しましたか？」はイマイチな質問

　面談やロールプレイの練習の際、「○○に相談しましたか？」という質問をしたり、されたりすることがあるかと思います。これらは実際の試験でも受験生からよく出てくる質問の一つですが、**実際の業務ではあまり使われないように感じます。**

　例えば、「上司に相談しましたか？」や「家族に相談しましたか？」といった質問は、クローズドな質問であり、「はい」か「いいえ」で答えられます。こうした質問だけでは相手の意見や状況を十分に理解することが難しく、話の展開が制約されてしまいます。

　実際の相談場面では、例えば、「上司に相談しましたか」と質問すると、「はい」か「いいえ」で終わってしまいます。それ以上のことは出てきません。つまり、相談者に自由にたくさん話してもらうことができません。

　もちろん、この質問が絶対にダメということではないので、必要なところでは使ってもよいのですが、相談者に考えてもらうための質問ということであれば、やはり「オープンクエスチョン」にするほうが適切だと思います。

　先ほどの例であれば、「上司に相談しましたか」よりも、「上司は何と言っていましたか」などと聞くのが適切だと思います。このように質問されたら相談者も、もうすでに上司と話をしたのであれば、「あぁ、あのとき上司は〜」と、その内容を話してくれます。また、もしまだ上司と話をしてないのであれば、「いや、まだ何も話していません」などといった答えが返ってくると思います。いずれにしても、オープンに問いかけているので自由にたくさん話してもらえる質問になっています。クローズドをオープンに、ちょっと言い方を変えるだけでも

100

その後の展開が変わってきます。

　ただ、この「〇〇に相談しましたか？」という質問自体、あまり実務でも使わないですし、また、試験のときに使うと、相談者役の人から「いや、そんなの相談できないからここに来ているんじゃないですか」、と言われてしまうかもしれません。そのように言われてしまうと「どうしよう…」と焦ってしまい、その後の展開がうまくいかなくなってしまうことにもつながります。

　ですので、まずはしっかりとラポールを形成し、その上で、「今、どんなことを強く感じていますか」とか、「それについてどうしたいと思っていますか」というような質問で、相談者の気持ちや価値観、思いというものを思う存分話していただくことがとても大切だと思います。

スキル51 「AかBどちらかで迷っています」と言われたら①

　キャリアコンサルティングを進める中で、相談者から「AかBどちらかで迷っています」と言われたことがあるかもしれません。「どっちにしようかな」、「どっちがいいかな」といったようなことです。

　このときにキャリアコンサルタントがやってしまいがちなのが、「じゃあ、AとB、それぞれのメリット・デメリットを考えていきましょう」であるとか、「じゃあ、AかB、どっちにするかを決めていきましょう」といった方向で話を進めてしまうことです。こういったケースは結構多いと感じています。ただ、適切な展開を進めるためには、そこを少し変えていただきたいです。

　「AかBで迷っているんです」と言っているから、「じゃあ、AかB、どっちか決めましょう」と言うのは、ある意味では素直な反応なのですが、キャリアコンサルティングを行う上では、これはあまり適切な展開にはならないと思っています。「メリットとデメリットで考えていきましょう」というのも悪くはないと思うのですが、実はこれだと相談者にとってはあまり内省が深まりません。「どちらかに決めるように一緒にやっていきましょう」と、そのまま進めていくと、結局相談者とキャリアコンサルタントが一緒に狭いところに入り込んでしまって、ぐるぐるとそこを回って、一緒に「どうしよう、どうしよう」とだんだん落ち込んでいく…という風になってしまうことが多いのです。

　そのため、ここでは「AかBのどちらか」の話ではなく、この場合は相談者が「迷っています」と言っているので、「何を迷われていますか」と、迷っている気持ちを引き出していきたい場面です。この「迷っている」という部分をはっきりさせることが大切です。**なぜ迷ってい**

るのか、どんな要因があるのかをしっかりと引き出すことで、適切な展開につながる可能性があります。

　相談者から「どちらかで迷っている」と言われると、どちらかを決めるようにと進めることが往々にしてありますが、これが堂々巡りにつながることが多いです。そのため、どちらかに決める前に、何を迷っているのか、なぜその選択を考えているのかといったことについて関わっていくことが重要だと考えます。もしも、「どちらかに決めよう」と思ってしまうときには、一旦その発想を置いて、相談者がなぜ迷っているのか、どうしてそのどちらかを選びたいのかを一緒に考えてみてください。相談者自身が気づいていないポイントや、A、Bどちらもよいと感じる要素があるかもしれません。その上で、適切な展開を目指してキャリアコンサルティングを進めてみていただきたいと思います。

第3章　問題把握　103

スキル52 「AとBどちらかで迷っています」と言われたら②

　相談者から「AかBかで迷っています」と言われたときに、どうしても陥りがちなのが、キャリアコンサルタントもその相談者と一緒になって「AとB、どっちにしましょうか」となってしまうことです。さらに、その中でキャリアコンサルタントの主観が出てきて、「いや、Bのほうがいいですよ」という感じで、どうしてもBのほうに持っていきたいというようなやり方をする方も稀にいらっしゃるのですが、それは違いますね。

　相談者がAかBどっちかにしようかと迷っているとはいえ、ここで**キャリアコンサルタントとしてやるべきことは、AかBに決めるのを手伝うということではありません。その理由はいくつかあります。**

　まず1つ目は、他の選択肢があるかもしれないということです。今相談者が「AかB」と言っていますが、実際には選択肢としてCがあるかもしれないし、Dもあるかもしれません。相談者は、視野が狭くなっていていることも多いので、「どうしよう、AかBかに決めないといけないんだ」と思い込んでいる可能性があります。もちろん、人生の中では二者択一で決めなくてはならないこともあるかと思います。しかし、常にそうとは限りません。他の選択肢が存在する場合も多いです。「Aにするのか、Bにするのか」、だけでなく、「他にCやD…はありませんか？」、と相談者の視野を広げていくのも、我々の仕事だと思います。

　2つ目は、1つ目に少し通じるところなのですが、どちらかに決めなければならない理由はないかもしれないということです。相談者と一緒に考えてみるとよいかもしれません。そうすると、考えてみると実はどちらかにしないといけない理由などまったくなかったりするか

104

もしれません。それは相談者自身に聞いてみたり、一緒に考えてみたりしないとわからないことです。

3つ目は、迷う理由は何かを相談者に考えてもらうことが必要だということです。相談者がAかBどっちにしようかとすごく迷っている場合、なぜ迷っているのか、その理由があると思うので、それを聞くというのもよいと思います。その相談者に聞いてみると、「そもそも迷っている理由って何だったかなー」と、相談者自身の考える角度、見る視点が変わってくるかもしれません。

そして、4つ目です。物事にもよると思いますが、両方選べる可能性もあるということです。「AとBどちらもやると、どうなると思いますか？」という質問も有効かと思います。もちろん、どちらかしかできない場合もあると思います。ただ、物事によっては、「どっちもやるとどう思いますか？」という質問はかなり有効かと思います。やはり、人は質問されると、考えて答えるという反応をしますので、「どっちもやるとどうなると思いますか」と聞かれたら、相談者も「どっちもやるとしたら…」と考え始めます。そこからいろいろと考えを深めるお手伝いができます。

「AとB、どちらにしようか迷っているんです」というのは、本当によくある事例だと思います。その場合に、このような考え方は有効ですので、ぜひ活用していただければと思います。

第3章　問題把握　105

スキル53 「やりがい」について

　ロールプレイの練習の中で、キャリアコンサルタント役の方が毎回決まったように、相談者に「やりがいとは何ですか？」と尋ねている場面を見ることがあります。これは相談者を理解するために有効な質問である場合もありますが、使い方に注意が必要です。

　相談者から「仕事にもっとやりがいがほしい」、「やりがいが感じられない」などと言ったときには、「○○さんにとって『やりがい』とは何ですか？」と聞くのはとても意味のある質問です。

　一方、相談者自身から「やりがい」についての話題や言葉が出てこないときに、このような質問をするのはあまり効果的ではありません。それどころか、「今話したいのはそんなことじゃないのに…」と、関係性を下げてしまう可能性もあります。相談者が話したいことではなく、キャリアコンサルタントが聞きたいことを聞いているだけだからです。

　また、このような質問をする背景には、もしかしたら、キャリアコンサルタントのほうに「誰にでもやりがいがあるはずだ。やりがいについて話してもらえれば面談の突破口が見つかるはずだ」という思い込みがあるのかもしれません。ただ、誰しもがやりがいをもって仕事に取り組んでいるとは限りません。「生活のためにやっているだけです」という方もいます。そして、それは別に悪いことではありません。中には「自分のやりがいがわからないことが問題」と捉えてしまうキャリアコンサルタントもいます。そういう可能性がない訳ではないのですが、「やりがいなんて求めていない」というのも一つの在り方です。**「やりがいはあってしかるべき」というのはキャリアコンサルタントの思い込み**です。

もちろん、「やりがい」について一切聞いてはいけないということではありません。繰り返しになりますが、相談者自身から「やりがい」という言葉が出てきたときには、しっかりと「やりがい」について聞いてあげてください。それは相談者を理解する上で非常に有効な質問になると思います。

ひと言コラム

◎「やりがい」とは何か

　本項では「誰しもが『やりがい』を持っている訳ではない」ということをお伝えしました。やりがいというのは、それがある人には大切なものですが、必ずしも人はやりがいがあるから働いているという訳ではありません。やりがいがなくても仕事はできるのです。
　また、やりがいといってもその内容は人それぞれです。例えば、実際にあった例として、「社員食堂でお昼ご飯を食べることです」とか「もらったお給料で旅行に行くことです」など、「それって仕事と関係ないのでは？」と思われるものを挙げる相談者もいます。ただ、それがどのようなものであっても、それは相談者の大切な思いなので尊重して面談を進めていただきたいです。

スキル54 アドバイスを求められたときの対応

　例えば、転職を迷っている相談者から「○○の資格って取ったほうがいいですよね？」などと質問された場合、皆さんならどうするでしょうか。「そうですね。取ったほうがいいですね」、「私は取っておいてよかったよ」など、アドバイスとしていろいろとご自身の主観を伝えたり、情報提供をしようとしたりするかもしれません。これは通常の会話、友達同士の会話ならまったく問題ないのですが、カウンセリングの会話としてはイマイチな対応だと思います。

　ここで気がついていただきたいのは、なぜ相談者がアドバイスを求めてくるのか、この場合でいうと、なぜ資格を取ったほうがよいのかを私たちに聞いてくるのかということです。

　基本的にキャリアコンサルティングでは、相談者がすべてを決めること、主体的な意思決定を大切にしています。これに対し、キャリアコンサルタントに尋ねてくる相談者は、自分で意思決定できていないということです。ここに相談者の問題がありそうです。

　どうして相談者は自分で意思決定せずにキャリアコンサルタントに聞いてくるのでしょうか。それは情報が足りないからかもしれません、決めるための判断軸がないのかもしれません、自分で決めることに自信がないのかもしれません。何かしらの問題がそこにはあります。キャリアコンサルタントとしては、その問題を把握していく必要があります。

　少しひっかけ問題のようですが、アドバイスを求められたときには、「どのようなアドバイスをしようか」ではなく、「どうしてこの相談者は自分で決めないのか？（決められないのか？）」という疑問を持っていただきたいです。

108

要するに、**相談者の質問に対しては、ただアドバイスを提供するだけでなく、その背後に何があるのかを理解することが必要**なのです。これによって、相談者の抱える問題を把握して、より適切なサポートにつなげることができます。

ひと言コラム

◎ 漠然とアドバイスを求められた場合の対応

　本項は、「資格を取ったほうがいいか」といった具体的な内容についてのアドバイスを求めるケースでした。一方、相談者の中には、「何かアドバイスをください」という漠然とした投げかけをしてくる方もいます。この場合の対応についても考えてみましょう。
　「何かアドバイスを…」と言われても、漠然としすぎています。この状態で、やみくもにアドバイスをしてもあまり効果は見込めません。ここでわかっていることは、まだ「相談者がアドバイスを求めている」という事実だけです。ただ、そこにはアドバイスを求める何かしらの理由があるかと思われます（中には「何となく聞いてみた」という方もいるかもしれませんが）。まずはそこを明らかにすることから始めることをお勧めします。「何のためにアドバイスが欲しいのか」、「アドバイスをもらうことで、何をどうしようとしているのか」などを聞いていき、相談者の関心ごとを特定していきます。具体的な話はそれから始めるほうが効果的です。

第3章　問題把握　109

スキル 55 たくさんの問題を訴えてくる相談者への対応

「相談者がたくさんのことを話してくれて、限られた面談の時間の中ではすべてを聴き取れないというときにどうすればよいか」という質問をいただくことがあります。相談者が自分の思いをたくさん話してくれるのは素晴らしいことだと思います。ただ、対応には困りますね。

このような場合には、まずは話の内容を整理して、何をどの順番で話していくか考えてもらうよう相談者に伝えます。すべてを一度に聴くことは難しいかもしれませんが、整理された順番で話してもらうことで、重要なポイントを見逃すことなく、効果的に対応できるようになります。まずは相談者の訴えた内容を伝え返した上で、相談者が話す順番を決める手助けをします。例えば、「Aについて…、Bについて…、Cについて…、…ということでしたが、どの問題が一番気になっていますか？」などといったアプローチが有効だと考えます。

相談者がたくさんのことを話してきた場合、この**「何が一番気になりますか？」という質問をすることで、相談者の関心事を明確にし、話の進め方を整理することができます**。そして、相談者が特に気になっている点を把握したら、その点から話を進めるようにします。

例えば、相談者が「Aと、Bと、Cと…で悩んでいます」と言ってきた場合、まずは「その中で何が一番気になっているのですか？」と確認します。相談者が「Aです」と答えたら、「では、まずはその点から話を進めてもよろしいですか？」と話を進めていきます。しかし、相談者が「全部気になります」と答える場合も考えられます。その場合も、うろたえることはありません。その場合は、「すべて重要だということですね。では、この中でどれか急いでいることはあります

か？」と、優先順位を尋ねてみます。そうすることで、話の重要度や緊急度を理解し、適切な順序で話を進めることができます。最終的には、「まずはこれからお聞きしていく話題で進めてもよろしいでしょうか？」と確認し、相談者の同意を得たら、話を進めます。

　このように、相談者がたくさんのことを訴えてくる場合にも、相談者の関心事や優先順位を把握し、それに基づいて話の進め方を決定することが重要です。

ひと言コラム

◎ たくさんの問題を抱える相談者への対応例

　本項は、相談者がたくさんの問題を訴えてくるときに問題間の優先順位をつける関わりについてのお話でした。一方で、これとはまた別のアプローチもあります。
　それは、個々の問題のこともありますが、「あれもこれもたくさん問題があると感じている」、そのことについて関わっていくという考え方です。
　このようなときどうするかというと、例えば「いろいろな問題が気になっているようですが、このようにいろいろな問題を抱えているご自身についてどう思われますか？」などと問いかけて、相談者にたくさんの問題を抱えている（と認識している）自分自身について考えてもらいます。こんなアプローチもあります。

スキル56 聞きづらい話題への対応

　キャリアコンサルティングの中でも、相談者に聞きづらい話題が出てくることがあります。

　例えば、「お金の話は聞きづらいのですが、どうすればいいでしょうか」というご質問をいただくことがあります。「このままではお金が足りないし～」といったようなことを言ったときに、「具体的にいくら足りないのか」といったようなことを聞きたいが、そのような立ち入ったことを聞いてもよいのか、という悩みです。確かに聞きづらいトピックですよね。お金だけでなく、聞きづらいデリケートな話題について、どのように関わったらよいのでしょうか。

　ここでは、「いくら足りないのか聞きたい」というところがポイントになります。一見、相談者の「お金が足りない」という発言に対して、「いくら足りないのか」と聞くのは、普通の会話としては、ごく普通の対応のように感じます。

　しかし、カウンセリングをしていく上では、いくら足りないのかを聞きたい・知りたいというのは、単なる「情報収集」になってしまっています。カウンセリングの場合、情報収集はあまり行われません。なぜなら、カウンセリングの目的は、相談者が自己理解を深めること、相談者自らが解決策を見つけることの手助けをすることだからです。

　そのため、相談者がお金の問題について相談してきた場合でも、具体的な金額の話をする前に、その相談者が具体的に何に困っているのか、そして、どのような支援を求めているのかを理解することが重要です。私たちは相談者の自己理解を促進させたいので、**情報収集の質問をするよりも、相談者自身に問題の本質に気づいてもらうための質問をしていくことが必要なのです。**

相談者がお金の問題に関して「足りない」と言った場合、例えば、「『足りない』ということをどう感じているのか」を聞きます。それが、相談者自身がいろいろと考えるきっかけとなり、問題の本質を理解する手助けとなります。このような質問をすることで、相談者が自らの状況や感情について考えることが促されます。その結果、実は本当に困っているのはお金の問題ではない場合も多々あります。

　相談者の話していることは、氷山の一角なのです。相談者が「お金がない」と言ったとしても、キャリアコンサルタントが、「あぁ、この人はお金がないんだ。だから困っているんだ」と思い込むのもよくないです。表面的にはお金の話のようでも実はまったく違うことが問題である可能性もあります。キャリアコンサルタントは相談者の話をより深く掘り下げて問題を理解する必要があります。

　キャリアコンサルタントとしては、相談者の言葉に反応して情報収集をしようとせずに、相談者が思っていることを引き出していただきたいと思います。

知らない仕事への対応

スキル 57

　世の中が多様化する中で、さまざまな職業が生まれています。私たちキャリアコンサルタントのもとにも聞いたこともない職業の相談者が来ることもあります。そのようなとき、相談者の就いている職業のことを知らないで、キャリアコンサルティングができるのか不安になるキャリアコンサルタントもいるかもしれません。

　結論から言うと、相談者の仕事のことを詳細まで知っていてもあるいは知らなくても、あまり変わらないことが多いです。相談者は仕事そのものについての相談（業務の進め方の相談など）に来ている訳ではありません。ましてや業務の指導をしたりする訳ではないので、仕事の詳しい中身まで知らなくても相談に対応できることが多いです。

　例えば、相談者が「私、今○○（よく知らない職業）をしているのですが、このまま続けていけるか不安なんです…」と言ったとします。そんなとき、この相談者の言うことをどう理解したらよいでしょうか。何を言っているかまったくわからないでしょうか。そんなことはないと思います。「（何の仕事かはよくわからないけど）今やっている仕事をこのまま続けていけるか不安なんだな」ということはわかりますね。実は、キャリアコンサルティングを行う上では、この程度の理解でも十分です。

　そして、**キャリアコンサルタントとして、ここからさらに知りたいのは○○という仕事の内容ではなく、「不安」の部分です。**この相談者が抱える「不安」とは何に対するどのような不安なのか。それはどこから来ているのか。相談者が聞いてほしいのもその部分であることがほとんどです。キャリアコンサルタントとして捉えるべき問題もここにあります。

キャリアコンサルティングにおける問題は、事柄そのものよりも「そのことについてどう思っているか」という気持ちの部分にあります。そのため、このケースでも「○○」という事柄については、「仕事」というように大まかに捉えていても相談が進んでいくことのほうが多いです。

　中には、細かいことまでちゃんとわかっていないと落ち着いて面談を進められないという方もいるかもしれませんが、ここは相談者主体で進めていただきたいところです。仕事の内容を詳しく聞けば相談者も教えてくれるかもしれませんが、それは相談者がここで話したいことでしょうか。また、詳しく聞いたところで「やっぱりよくわからない」ということも多いものです。

　もちろん「本当に、何のことを言っているのかまったくわからない」というときには、事柄について詳しく聞くことも大事です。ただ、限られた相談時間を有効に使うためにも、まずはこの相談者が何に対してどう思っているのかということを中心に面談を進めます。また、事柄については抽象的な理解でもよいのですが、相談者の気持ちについては具体的に捉えていくことが必要です。そこに力を注いでいただきたいと思います。

問題の背景にあるものを考える

**スキル
58**

　キャリアコンサルタントの視点から相談者の問題を捉えることは、有効かつ必要なことです。ただ、せっかく捉えてもそれが解決できない、解決方法がわからない問題だったとしたら、それはあまり効果的ではありません。特に、相談者の思考、行動特性のようなものは解決方法が考えにくい場合が多いです。とはいえ、それが相談者の問題解決のために関わる必要があるのであれば、放置するのもよくなさそうです。対応に迷うところですが、そのようなときは、**その問題についてもう一歩踏み込んで捉えてみてください。**

　「この相談者には○○という問題がありそうだ。でも、どうしてこの相談者は、このような問題を抱えているのかな。その背景には何があるのだろう」と考えてみるのです。

　例えば、「周囲の意見に振り回されて、自律的に意思決定できない」という相談者がいたとします。「自律的に意思決定できない」のは確かに問題の見立てとしてあり得ますが、では、それはどうやって解決できるのでしょうか。「自分のことは自分で決めないとダメですよ」とアドバイスしてもあまり効果はなさそうです。

　そのようなときには、もう一歩踏み込んで、「どうしてこの相談者は自分で意思決定できないのだろうか」と、その背景を探ってみるのです。そうすると、例えば、「意思決定に必要な情報を十分に持っていない」、「自分で決められる自信がない」など、人によって背景はさまざまですが、その理由が見えてきます。ここまでかみ砕くと、キャリアコンサルタントにとっても対処可能な問題になります。そうすると、キャリアコンサルタントとしてより適切で、かつ相談者にとってもより役に立つ見立てとなります。

スキル59 問題は把握するだけではない

　キャリアコンサルティングでは、問題を把握した上で、目標や方策に進んでいきます。ただ、せっかく問題を把握して、その問題に対して目標を設定したのに、相談者がついてきていないケースをよく見かけます。

　これは、キャリアコンサルタントだけが問題を理解して進めていて、相談者が置き去りになってしまっているために起きていることが多いです。キャリアコンサルタントはその問題についてわかっているので当たり前だと思っている目標でも、相談者は何が問題なのかをわかっていない、もしくは問題についての認識が異なるため、どうしてそのような目標になるのかがわからない、ついていけていない、という状況です。

　このような状況を避けるためには、お互いに把握した問題について、「共有」してから先に進めることが必要です。「問題把握」という名目からすれば、「把握」できていれば十分じゃないかと思われるかもしれませんが、**問題を把握している必要があるのはキャリアコンサルタントだけではありません。相談者も問題を把握している必要があります**。つまり、お互いに問題を把握していること、そして、もちろん同じように問題を把握している必要があります。だから、「共有」しておく必要があるのです。

　そのため、キャリアコンサルタントとして、問題を把握したら、それらについては相談者に確認し、合意・共有するという習慣をつけていただきたいと思います。自分がわかっていることだと相手もわかっているものだと思って、確認せずに進んでしまいがちです。これがその後のズレにつながることがあります。心当たりのある方はぜひ「共

第3章　問題把握　**117**

有」することを取り入れていただきたいです。
　なお、この後に続く「目標設定」や「方策」についても同様です。これらは常に相談者と合意・共有しながら進めていくことが大切です。キャリアコンサルティングは相談者とキャリアコンサルタントの共同作業です。お互いに足並みをそろえていくためにも、常に一緒の方向を向いて、一緒に進めているかを確認しながら進めていくことがキャリアコンサルティング全体をスムーズに進行するポイントになります。

ひと言コラム

◎「共有」について

　筆者が主宰する講座の受講生から、「共有が苦手」というお話を聞くことがあります。その理由を伺うと、「ここで相談者から『違う』って言われたら怖いなと思って…」ということでした。確かに、相談者から「違います」など、否定・拒否されるような言葉を言われるのは怖いかもしれません。ただ、実際は理解が違ったまま進めるほうが怖いのです。
　また、「時間がかかるので…」というお話も聞きます。確かに、時間が限られている中では焦る気持ちもあります。ただこれも、共有しないで認識がズレたまま進めるほうが、後からかえって時間がかかってしまうこともあるのです。「共有」は面談を安心して進めていくためのチャンスだと思って積極的に取り組んでいただきたいです。

スキル60　話の流れがブレないためのコツ

「話を聞きながら、見立てをして、適切な質問をしながら、話の流れがブレないように進めるにはどうすればよいでしょうか」という質問をいただくことがあります。推測ですが、このような疑問を持つ方は、もしかすると面談の最初の段階でつまずいてしまっているのではないかと思います。ですので、ここでは一番基本的で大切な部分を説明していきたいと思います。

まず、面談で相談者の話を聞くとき大事なことは、相談者の話を正確に聞き取ることです。これはどういうことかというと、相談者が、どんな言葉を発したか、感情の言葉であったり、その人ならではのちょっと特徴的な表現の言葉であったり、それらの言葉をちゃんと聞き取っていただきたいということです。これは、とても大事なことです。しかし、**相談者の話を正確に聞き取れていない方が結構多いと感じています。**

面談では、まず相談者の話を聞いて、要約を行います。要約をするときに、相談者が言ってない言葉を言ってしまう方は多いです。例えば、相談者が「すごく**不安**なんです」と言っているのに、「ああ、**困っ**ていらっしゃるんですね」、「**心配**なんですね」などと自分自身のフィルターを通して、自分の言葉で伝えてしまうということです。そうするとどうなるでしょうか。「**不安**」だと言っているのに「**心配**なんですね」と言われてしまうと、相談者は心配しているところを探しに行ってしまいます。

せっかく「不安なんです」と言っているのなら、「ああ、不安なんですね。その不安なところをもうちょっと詳しく教えてもらっていいですか？」というように聞いていくのが一番よいのですが、なぜか自

第3章　問題把握　119

身のフィルターを通して、違う言葉で返してしまうという方が多く見受けられます。まずは、相談者の言葉を正確に聞き取ってください。

　筆者が「正確に聞き取ってください」とアドバイスすると、「覚えられないです」と言う方もよくいらっしゃいます。ただ、少し厳しいことを言いますが、そういう方は聞き取れるようになるための努力をしていただきたいと思っています。これは、カウンセラーとして、本当に基本的なところだからです。相談者が話していることをちゃんと聞き取るというのは、当たり前の話なのです。皆さんも考えてみてください。もし自分がお金を出して相談に行ったときに、「何かこの人、私の言ったこと全然わかってくれないな、覚えてくれないな」と感じる人と話をしたくはないですよね。

　覚えられないという方は、まずはメモを取りながら、相談者の話を正確に聞き取る練習をしてください。それを何回も繰り返しているうちに、だんだんとコツがつかめてくるかと思います。

第4章

具体的展開（目標、方策）

◇◇◇

　問題を捉えたならば、その問題に対する対処法を考えていきます。ここが具体的展開の入り口です。

　相談者の問題を理解した上で、それに対して適切な目標を設定する、そして、設定した目標に対してどのように対応するか、具体的な方策を検討していく段階です。また、「具体的展開」といえるためには、目標や方策を設定・実行するだけでなく、相談者に気づきや変化が起こることが求められています。気づきや変化が起こるということは、相談に来た当初とは感情や考え、行動などに何かしら変化が起こっていることです。気づきや変化が起こるにはどう関わればよいのでしょうか。「気づきを与える」という言葉もありますが、このあたりのことも考えてみたいと思います。

　また、展開を意識しすぎて、ともすれば、解決志向になり関係性を崩してしまいかねない場面でもあります。試験でも苦手意識を持つ方が多いところです。相談者との関係を維持しながら、適切に展開していくためのスキルについて確認していきましょう。

◇◇◇

スキル 61 解決志向から抜け出すコツ

　解決志向になりすぎることは、逆効果になることがあります。解決しようと必死になると、共感が抜けてしまいます。そのため、相談者がストレスを感じたり、話しにくくなったりすることがあるのです。そうならないためにも、解決しようという気持ちを一旦置いておき、共感に焦点を当ててキャリアコンサルティングを進めることが大切です。キャリアコンサルタントが解決に必死になることは理解できますが、**一番大切なのは、相談者に共感し、尊重することです。** まずは共感に焦点を当てて相談を進めることで、関係構築や信頼が築かれ、自然に具体的展開に向かいやすくなります。

　解決志向になりがちな傾向があると自覚する方は、まずは共感のみにフォーカスして、面談の練習をしてみることをお勧めします。解決は一旦置いて、相談者の話をしっかり聞きます。その後、相談者に「話しやすかったですか？」や「どうでしたか？」などと質問してみてください。解決志向になりすぎず、共感を大切にすることで、相談者との信頼関係が築きやすくなることに気づくと思います。相談者が話しやすい環境を提供することが、解決につながる一歩にもなります。このような対応を身につけることで、より効果的なキャリアコンサルティングが行えるようになります。

第4章　具体的展開（目標、方策）

スキル62 展開のためにも傾聴、ラポールは大切

　アドバイスや提案による問題解決を最初から急ぐことは避けるべきだと考えています。皆さんは、おそらくこれは当たり前のことだと思われているかもしれませんが、実際には面談の最初からアドバイスや提案をする方が多いという印象があります。最初から急がず、相談者の話をじっくり聞くことが重要です。

　実際に筆者が経験したことをお話ししようと思います。以前、筆者はある有名なコンサルタントとお話をしたことがあります。その方は非常に有名で、会うのを楽しみにしていました。少し緊張しながら名刺交換をすると、その方は私の名刺をじーっと見て黙ったままでいました。少しドキドキしながら、その方の反応を待っていました。しかし、彼の反応は、まさかのダメ出しでした。その方は筆者の名刺に対して、「ここはこうしたほうがよい」とか、「ここはわかりにくい」とか、的確なアドバイスをしてくれました。

　そのとき、筆者が相談者として思ったのは、「この人とは合わないだろうな。今後もつながりを持つことはないだろうな」ということでした。なぜ筆者がそう思ったのかというと、まさしく本項でお伝えしている通りのことです。名刺交換の段階で、まったく私の話を聞かずに、たった3分後に突然、問題解決の提案をされたからです。その提案内容自体は、おそらく正しいものだったと思います。ただ、その方が非常に有名な方で、その言うことが正しい内容だったとしても、筆者との関係性や気持ちが置き去りにされてしまっていると感じました。その結果、筆者はその方とはもうまったく話す機会もなく、会うこともないだろうと感じた訳です。

　この経験を通じて、やはり急がずに、相手の話をじっくり聞くこと

が大切だと実感しました。アドバイスや提案をする前に、まずは相手の話をじっくりと聞き、そして、必要に応じて適切なタイミングで的確なアドバイスや提案をすることが効果的です。

そのためには、**まずは傾聴**です。いきなり相手に提案やアドバイスをすることは、相談者が受け入れにくい場合があります。相談者が理解してもらえないと感じると、関係性が悪くなってしまうこともあります。ですので、キャリアコンサルタントは、相談時間を気にして急いで話し始めるのではなく、相手の感情や思いを尊重して、まずは傾聴とラポールを大切にしてください。これは基本中の基本であり、しっかりと基礎を築いていく必要があると考えます。

スキル63 気づきを与えることについて①

　「気づきを与えるような質問をするにはどうすればよいか」という
ご質問をいただくことがあります。キャリアコンサルタントの方々の
中には、そのような質問をすることが難しいと感じる方も多くいるよ
うです。例えば、「気づきを与えるような質問ができない」、「気づき
を与えるような質問がしたい」といった方は少なくありません。この
ように日々向上心を持って研鑽に取り組まれているキャリアコンサル
タントがいることは素晴らしいことだと感じています。

　では、気づきを与える質問をすることについて考えてみましょう。

　面談やロールプレイの際、「気づきを与えよう」と思って質問をす
ると、面談が空回りしてしまうことがあります。一方的にこのような
質問を繰り返すだけでは、相談者に気づきを与えることから遠くなっ
てしまうことがあるのです。何かが欲しいと思っているときに、その
ことばかりにこだわっていると、かえってそれが遠ざかっていく感覚
と似ているかもしれません。

　ここでいえることは、「どんな質問をするか」以上に、まずは相談
者との信頼関係が非常に重要であるということです。相談者とキャリ
アコンサルタントの間に信頼関係があると、相談者は自分の気づきや
変化に対してオープンになりやすくなります。相談者に気づきを与え
たいと思うなら、まずは相談者との信頼関係をしっかり築くことが大
切です。

　**相談者が「この人だったら、自分のことを理解してくれそうだな」
と感じたり、「この人にはもっと話を聞いてほしいな」と思ったりで
きる状態が重要です。**相談者がそのような状態になると、キャリアコ
ンサルタントからの質問に対して開かれた姿勢を持ちやすくなりま

す。このような信頼関係の構築が、気づきを得る上での大きな要素となります。

　その上で、さらに質問のタイミングや言葉の選び方も重要です。どのタイミングでどのような言葉を使うかによって、相手の心への響きやすさが異なります。面談の初めに、もしくは質問が思い浮かんだらすぐに言うべきか、後のほうがよいのか、そのバランスも経験を積んで学んでいく必要があります。ラポール形成がしっかりでき、相手に信頼されていると、質問がより有効になる傾向があります。ラポール形成をスキップして、一発で解決するような方法はあまり現実的ではありません。ですので、まず重要になるのは、しっかりと信頼を築き、相手が自分とのコミュニケーションを受け入れやすい雰囲気を作り出すことです。信頼関係ができた上で、相手に気づかせるような質問を投げかけることが成功への近道となります。

スキル64 気づきを与えることについて②

　気づきを与える質問の方法について知りたいと思っている方は多いかもしれませんが、その前に皆さんにも考えていただきたいことがあります。「気づきを与える」という言葉をよく耳にしますが、相談者を中心に考えた場合、この考え方はなんだかキャリアコンサルタント中心な考え方だと思いませんか？　つまり、こちら（キャリアコンサルタント）が「相手に気づかせてあげる」、もしくは、キャリアコンサルタント側の「自分が何とかしてあげたい」、という気持ちの表れのように感じます。

　ただ、相談者中心の面談ということを考えたとき、キャリアコンサルタントはそこまで頑張る必要はないと感じます。私たちはサポーターであり、主導権は相談者にあります。まずはこのことを理解していただくことが重要です。つまり、**「気づきを与える」**というよりも、**「相手が自ら気づくようにサポートする」**のです。

　そういった視点で考えると、やはり相談者との関係構築がどれだけ良好かが大事になってきます。「相手が自ら気づくようにサポートする」には、相談者が「もっと話したい」、「自分のことを理解してくれている」と感じているということが前提となるからです。気づきを与えることにばかり気を取られていると、キャリアコンサルタントが自分ばかり頑張って、気づいてもらうことに集中しすぎて、関係構築の基本がなおざりになっているかもしれません。

　質問や対話が気づきにつながるためには、まずは相談者とキャリアコンサルタントの関係が良好であることが必要です。相談者がもっと話したい、聴いてもらいたい、と感じているかどうかを確認し、そのレベルを高めていくことが大切です。関係が強化されると、相談者は

自ら何かに気づきやすくなります。キャリアコンサルタントが「気づかせる」のではなく、自ら「気づく」のです。だからこそ、関係構築にフォーカスして、相談者が自ら「気づく」前段階を強化することが必要です。

質問が重要であることは間違いないのですが、それよりもまずは関係構築をしっかりと行ってから、気づきにつながるアプローチを考えていくべきだと思います。同じ頑張るのであれば、関係構築に頑張って取り組んでみてください。そうすれば、今までとは違った結果が見えてくることでしょう。

ひと言コラム

◎「気づきを与える」前にやること

「気づきを与える」ため、相談者に今見ているものとは別のもの、見えてないものに目を向けてもらおうとしている方もいると思います。確かに、そういった関わりが役に立つこともあります。ただ、注意していただきたいのは、それは、ともすると相談者が今見ているものを軽視することにもつながりかねないということです。

特に面談の最初のほうは、キャリアコンサルタントも相談者も、相談者が今見ているものにじっくり向き合うことが大切です。現状に向き合わないまま他に目を向けることは、関係構築や問題把握を妨げてしまいかねません。違うものを見ようとする前に、まずは目の前にある相談者の訴えについて、じっくり考える時間をもっていただきたいです。

第4章　具体的展開（目標、方策）

スキル 65 気づきを促す質問のコツ

　相談者に「気づき」が起こるためには関係構築を重視し、相談者自ら気づくことをサポートすることが大事だということは前述しました。ここでは、その上で、相談者が自ら気づくことをサポートする質問（いわゆる「気づきを与える質問」）について考えてみたいと思います。

　「気づきが起きる」というのは、今まで見えていなかったものが見えたり、今まで見ていたものについて違う見方ができるようになることで起こります。そこで、キャリアコンサルタントは、相談者に今まで相談者が見ていない、見えていないところに目を向けてもらえるよう支援します。**具体的には、相談者の視点・視座・視線を動かします。**そのために質問は有効な手段です。

　例えば、以下のような質問が考えられます。

・具体化する：「具体的には？」「例えば？」

・抽象化する：「要は？」

・時間軸を動かす：「これまでは？」「今は？」「これからは？」
　　　　　　　　　「このまま続けば？」

・空間を動かす：「ほかの場面では？」「○○の場合はどうですか？」

・選択肢を広げる：「ほかには？」

・選択肢を狭める：「１つ選ぶとしたら？」

・立場を入れ替える：「あなたが○○さんだったら…」

・数値化する：「０～10でいうとどのくらいですか？」

・類似：「同じような例はありますか？」

・例外：「～じゃないときはありますか？」「常に（すべて）○○な

130

のですか？」
- 反対：「逆に〜？」
- 仮定：「もし〜だとしたら？」
- 制約解除：「もし〜がなければ？」
- 変遷：「〜の前はどうでしたか？」「〜の後はどうですか？」
- 極端な例：「全部〜だとしたら」「まったく〜ないとしたら」
- 目的を問う：「何のために？」
- 手段を問う：「どうやって？」

　ほかにもさまざまな質問がありますし、質問以外にも相談者の気づきをサポートする方法はあります。いずれにしても今相談者が見ている以外のところを見てもらえるよう関わることは、相談者が気づきを得るための有効な働きかけになるでしょう。

スキル 66 立場を入れ替えて考える

　相談者が何かに気づくきっかけを与えるための一つの方法として、「視点の移動の質問」を活用することが役立ちます。視点の移動の質問とは、相談者に現在の問題や状況を異なる角度から見るよう促す質問です。

　例えば、立場を入れ替えて考える方法があります。相談者が管理職試験を受けることに戸惑っている場合、次のような質問を投げかけることができます。「もし○○さん（相談者）が部長の立場だったら、どんな人に管理職試験を受けてほしいと思いますか？」このような質問をすることで、相談者は自分自身の立場を離れて、部長としての視点から問題を考えることができます。この場合であれば、相談者が部長の視点からいろいろと考えることで、話の展開が促進されることがあります。そこで相談者自身も何か気づく訳です。「あぁ、もしかしたら部長って私のことをそういうふうに思って言ってくださっていたのかな」といったように。

　このように、**視点の移動の質問というのは非常に有効です**。なかなか面談が展開しないと感じている方は是非、このような方法も一度取り入れてみていただけるとよいかと思います。

スキル67 未来を想像する

　相談者に何かに気づいてもらうために、**未来を想像してもらう質問をすることも効果的です**。相談者に現在の状況を考え、そのまま進んだ場合にどうなるかを想像させることで、新たな視点や気づきが生まれることがあります。

　例えば、「このまま現在の状況が続いた場合、どうなると思いますか？」と聞くと、相談者は自身の未来を考えることになります。「このまま行くときっとこうなるでしょうね」、「もしかしたらああなるかもしれませんね」と、いろいろと相談者の中から引き出すことができるでしょう。

　また、「この会社で5年後、どうなっていると思いますか？」などといった質問も有効です。相談者は自身の5年後を想像します。「5年経ったらどうなっているかな…」と、いろいろと考えていただくことができます。そうすることによって、相談者の中で何かが動いてきます。将来の自分を具体的に想像することで、新たな展望や目標が見えてくることがあります。それによって、面談の展開がスムーズになることが期待できます。

　なかなか面談が展開しないと感じている方は、これらのような未来を想像してもらう質問を取り入れてみていただくのもよいかと思います。

第4章　具体的展開（目標、方策）　133

スキル68 何かと何かを比較する

　何かと何かを比較してもらうような質問をすることも効果的です。これも相談者に何かに気づいてもらう方法の一つです。

　例えば、相談内容が「前の仕事ではやりがいを感じていたが、今の仕事では感じない」という場合、「前の仕事」と「今の仕事」の違いを尋ねてみるとよいでしょう。すると、相手は考えることになります。「前の仕事ではこうだったけど、今の仕事ではこうだ」と具体的な違いを見つけることができます。その後、他にも何か気づいたことはないか尋ね、気づいたことをたくさん引き出していきます。

　それを続けていると、そのうちそれ以上は出なくなりますが、それはそれで結構です。**相手からできるだけ多くの違いを引き出し、その中で相手に何かに気づいてもらうことが重要です。**おそらく、違いをたくさん聞いていくと、相手の中で何かが動き出すでしょう。そして、そこから新たな展開のきっかけが生まれることもあります。この方法をぜひ試してみてください。

　キャリアコンサルティングにおいて、話が進まずに行き詰まったり、好ましい展開が見られないと感じたときには、相手に何か気づいてもらう関わりというのは非常に有効です。相手に気づいてもらうことで、自然な流れで面談が展開しやすくなります。ぜひ試してみてください。

スキル69 相談者が「ねばならない思考」をしているときの対応

　相談者が「ねばならない」という思考に陥っている場合、どのように気づきを促せばよいのでしょうか。

　まず、相談者が自身に対して何かを「ねばならない」と感じている場合、それは一種の思い込みです。相談者は何かを思い込んでいて、それが「○○しなければならない」という気持ちにつながっているのです。このような思い込みは、視野が狭くなってしまっていることが原因で起こります。つまり、相談者は物事を狭い視点でしか見ることができず、その結果、思い込みが生まれるのです。キャリアコンサルタントとしては、相談者の視野を広げる必要があります。

　例えば、キャリアコンサルタントは、相談者に「自分自身を鳥のように空から眺めるイメージ」を持ってもらうよう提案することができます。また、具体的な質問を通じて、相談者が現在の立場や状況を変えて考えてみるきっかけを与えることも効果的です。相談者に対して「あなたが上司の立場だったら、この状況についてどう思うか考えてみてください」あるいは「もし上司があなたの部下だったら、どう思うか考えてみてください」というような質問をすることが挙げられます。

　また、数字で状況を表すスケーリングという手法も有効です。例えば、相談者にとっての理想の状態を100点とした場合、相談者が現在の状況を「10点」と評価したとしたら、「その10点だという、できている部分はどこですか？」、「残りの90点とは何ですか？」といった質問を通じて視点を動かしながら、自己評価や現状の把握を促します。

　ただし、**このような質問をする際には、前段階として関係構築が重要です**。関係構築がうまくいっていないと、こうした質問が効果を発揮しづらいことがあります。そのため、まずは関係構築を行い、その

第4章　具体的展開（目標、方策）　135

上で視点の移動を促す質問を行うことで相談者の視野が広がり、「ねばならない」思考についても気づきを促す展開につながるでしょう。

ひと言コラム

◎ スケーリングについて

　スケーリングとは、数値化して考えてもらう方法です。例えば、状況を数値化する方法があります。

　例)「理想の状態を100点としたら今は何点くらいですか？」

　その答えから相談者の現状認識を知ることができますし、「その○点というのはどういったところですか？」などと具体化する質問もできます。また、「今の点数が何点になったらいいと思いますか？」、「あと○点上げる（下げる）ためには何が必要でしょうか？」などと展開させていくこともできます。

　他にも、相談者が選択に迷っている場合に、その気持ちを数字で表してもらう方法もあります。

　例)「AとB、全体を10としたら、それぞれお気持ちとしては何対何ですか？」

　例えば、「5：5です」、などと答えが返ってきます。それに対して、それぞれ何があって、その数値になっているのかを聞いていくことができます。特に、「9：1です」などと大きく差がある場合、それでも決められないのは何があるからなのかなど、深堀りしていくことで相談者の気持ちをより深く理解していくことにもつながります。

スキル 70 「何をしたらいいですか？」と聞かれたら

　目標や方策を設定するときに、相談者から「何をしたらいいですか」、「○○したらいいですか」という質問を受けることがあるかと思います。そのようなときは、どのように対応すればよいか考えてみたいと思います。

　皆さんは相談者から次のように聞かれたらどのように応答しますか？　例えば、相談者が学生のケースで「何をしたらいいですか？」、「キャリアセンターに行ってみたほうがいいですか？」と聞かれたとします。このように聞かれると、「そうですね。まずはキャリアセンターに行ったほうがいいですよ」、「時期も時期なので、早く行ってください」といったように、いろいろと言いたくなるかもしれません。特にこの段階では（少なくともキャリアコンサルタントは）もう何が問題で、何を目指せばよいかの方向性が見えているので、キャリアコンサルタントからすれば、「キャリアセンターに行ったほうがよい？　当り前じゃないか」などと思ってしまいがちです。

　ですが、このように相談者が尋ねてくるときに、相談者がそのように考える理由を考えることが必要です。なぜ相談者は、「何をしたらよいのか」、「キャリアセンターに行ったほうがよいのか」と聞いてくるのか、そこがポイントです。そして、「キャリアセンターに行ったほうがよいですよ」などと答えるのではなく、なぜそこで疑問や迷いがあるのか、相談者自身がどうしたいのかを明確にする必要があります。キャリアコンサルタントは、相談者が自分で何をどうするか意思決定できるように、しっかりとサポートすることが大切だからです。

　キャリアコンサルティングでは、基本的に相談者が自分で決めることが重要です。私たちが「ああしたら、こうしたら」とアドバイスす

第4章　具体的展開（目標、方策）　　*137*

るのではありません。特にこの段階になると、キャリアコンサルタントのほうから「ああしたら、こうしたら」と一方的に助言、場合によっては指示してしまいがちです。しかし、キャリアコンサルタントが一方的に目標や方策を設定する、助言や情報提供を行うなどといったことは具体的な展開につながりにくいです。

　キャリアコンサルタントは、相談者が自分で考えて、自分で意思決定できるようにサポートするサポーターなのです。そのため、「どうしたらよいですか」と言われたときも、**相談者がなぜそのように言っているのか、相談者自身はどうしたいのかを一緒に探っていく、この姿勢を面談の最後まで保つ**ことが、具体的でよりよい展開につながります。

スキル71 目標の距離感について

　面接が進めば、相談者と目標を設定・共有していきます。その際に、「どのあたりまで先のことを考えればよいのか」というご質問をいただくことがあります。

　あまり目先のことにとらわれてしまうと、近視眼的な解決になってしまったり、達成したところで現状とあまり変わらないということにもなりかねません。もちろん相談者によってはそれが大きな一歩である場合もありますが、本人だけでなく、キャリアコンサルタントも目先のことしか見えていないということであれば、キャリアコンサルタントの力量としては少し物足りません。

　一方、「中長期的視点が大事」とはよくいわれますが、いきなりあまり遠い先の話ばかりをすると、つかみどころがなくなってしまいます。相談者としても、「そんな先のことなんて考えられない」、「それよりも目の前のことを何とかしてほしい」という反応になりかねません。

　そこで、キャリアコンサルタントとしては、中長期的な視点は持ちつつ、それも踏まえた上で、まずは中長期的な目標につながる身近な目標を考えましょう。または、「中長期的な視点」と「短期的な視点」の2段階で考えてもよいと思います。相談者からすると、**まずは目先の具体的なイメージができる目標、そしてそれがどこにつながっていくのかというつながりが見えていると納得感と意欲が増します。**

　いずれにしても、相談者にとっては、自分がいま訴えている問題と直接関係があり、なおかつ、具体的にイメージできるほうが目標達成のイメージとそのときの自分の姿を実感できて、前向きに捉えられます。

第4章　具体的展開（目標、方策）　139

方策は1つずつ着実に

スキル 72

　知識や発想が豊かなキャリアコンサルタントほど、方策があれこれ浮かんできます。さまざまな引き出しを持っていることは素晴らしいことです。

　とはいえ、**あれもこれもと相談者に提案するのはあまり効果的ではありません**。人ができることは限られています。また、実際にそれをやるのは相談者です。やるべきことがあまりにも多くて、相談者がそれに圧倒されてどれにも手がつけられなくなってしまっては本末転倒です。相談者が対応できるボリュームに抑えることは重要なポイントです。

　また、方策はたくさん行えばそれだけ効果があるというものでもありません。目的に照らして何をすると効果が高いのか。また、何から順番にやればよいのか考えていく必要があります。

　キャリアコンサルタントとしては、時間軸を持って支援計画を立てられるとよいでしょう。そして、相談者に確認し同意を得ながら進めていくことが大切です。どんなことからであれば相談者がスムーズに取りかかれるか、何をどのような順番で進めていけば無理なく取り組めるかなどを勘案しながら、ポイントを絞って、順を追って着実に取り組んでいけるように進めていきましょう。方策は提案して終わりではなく、その実行まで見据えた支援が必要になってきます。

スキル73 方策の意味を伝える

　基本的に、方策の提案は相談者と目標を共有した後に行います。キャリアコンサルタントとしては、それ以前の段階でも相談者の話を聞きながら、「こういうことをしてみたらいいんじゃないかな」と思い、相談者にそれを伝えてみたくなるかもしれません。

　ただ、その段階で伝えてしまった場合、「え、いきなり何？」と戸惑われたり、「何でそんなことしないといけないの？」と抵抗されたりしてしまうことが多いです。仮に受け入れられたとしても「何かよくわからないけど、キャリアコンサルタントの人が言うから」、「多分やらないよりはやったほうがいいことなんだろうな」程度の認識になってしまいます。こうなると、キャリアコンサルタントがよかれと思って提案した方策も思ったような効果が上がりにくくなります。

　そのため、**方策を提案する前には、まず目標を共有します**。そして、「この目標を達成するために」という意図を明確に示した上で方策の提案を行います。そうすることで、何のためにそれをする必要があるのか、相談者も理解した上で、判断し、行動することができます。

　また、目標を共有した後でも、方策の提案には丁寧な説明が必要です。目標を達成するための方法は1つではないからです。さまざまな方策がある中で、なぜその方策なのか、そしてなぜ今やるのか、といったことを説明できる必要があります。また、相談者にとって多少ハードルが高そうな方策の場合は、それらに加えて、その方策の効果、つまり、この方策を行うとどのようなよいことがあるのか（もしくは、やらないとどのような不利益があるのか）を理解してもらうことが必要です。

　もちろん方策の内容自体が適切であることが前提となりますが、こ

第4章　具体的展開（目標、方策）　　141

れらをキャリアコンサルタント自身が理解し、また、相談者にもしっかりと伝えられることで、方策の提案も相談者に受け入れられ、効果も上がりやすくなるでしょう。

ひと言コラム

◎ 方策を考える一つの視点

　どんなによい方策だったとしても、そこにはメリットだけではなくデメリットもあります。また、方策を実行する上ではさまざまな労力やコストがかかります。さらに、どのような方策でもそれが必ず成功するとは限りません。
　相談者のためにも、そういったリスク面なども含めて検討することが必要です。もちろんさまざまな不確定要素があるので、キャリアコンサルタントがすべてを見通せるとは限りません。ですので、相談者と一緒に検討するなどしてみるのもよいかと思います。
　いずれにしても、方策を考えるにあたっては、メリットだけでなく、それ以外の要素についても思いをはせることがよりよい支援につながります。なぜなら方策を実行するのも、その結果を受け取るのも相談者だからです。
　キャリアコンサルタントは相談者のためになることをするのも大事ですが、それ以前にむやみに相談者を傷つけるようなことは避けなければなりません。

スキル74 相談者が提案を受け入れないときの対応①

目標や方策を提案したとき、相談者がその提案を受け入れない、または異論を唱えてくる場合があります。「いや、それはちょっと違うんです」とか、「うーん、ちょっとできないかなー」といった反応です。キャリアコンサルタントとしては、よかれと思って提案したのに、相談者に受け入れてもらえなかったとなると、「どうしよう」と動揺したり、「相談者が抵抗した」と相談者のせいにしたりしてしまいたくなるかもしれません。

このとき、まず考えてほしいのは、「なぜ相談者は抵抗しているのか」です。例えば、以下のようなことが多いです。

まず、提案の内容が適切でない場合です。例えば、相談者のニーズに合っていない、問題や目標と整合性がない、非現実的なことなどの場合です。相談者からすると、「それじゃない」と思うようなものです。または、タイミング的に「今じゃない」という場合もあるかもしれません。

次に、説明が適切でない場合です。提案の内容そのものというよりも、それについての説明がない、説明が不十分、相談者が内容をよく理解できない、などの場合にも受け入れられない可能性が高まります。

また、プロセスに問題がある場合も多いです。例えば、まだ関係が十分構築されていないうちに提案するといった場合です。相談者がついてこられていません。

そして、関係性がよくない場合です。提案内容の良し悪し以前に、「このキャリアコンサルタントの言うことは受け入れられない」と相談者が思ってしまっている場合です。

実際にどのような理由で受け入れられないのかは、相談者に聞いて

第4章 具体的展開（目標、方策）

みないとわかりませんが、これらの要素がある場合には提案が受け入れられないことが多いです。そして、**これらのことは、提案をする前に少し気をつけることで自分でも気づくことができるものです**。急いで提案する前に、これらの点、つまり、「内容は適切か」、「きちんと説明できるか」、「プロセスとして今提案することは適切か」、「関係性は十分か」といった提案するための下地が整っているか確認してから提案することをお勧めします。それが結局は早道だったりします。

ひと言コラム

◎ 提案を行うタイミング

提案を行うタイミングに迷うときは、システマティックアプローチを思い出してください。システマティックアプローチは、「関係構築→問題把握→目標設定→方策の実行」です。つまり、関係性ができていることはもとより、「問題」をきちんと把握、共有できていること、「目標」についても設定、共有できていること、その上での「方策」の提案ということになります。

ですので、提案を行おうと思ったときには、いったん立ち止まって、それまでの対話の中で「関係構築→問題把握→目標設定」までのステップが踏めているか、特に「問題」や「目標」をお互いに共有できている状態になっているか確認した上で方策の提案を行うことをお勧めします。

スキル75 相談者が提案を受け入れないときの対応②

　キャリアコンサルタントとの関係性もよく、プロセスも適切に進めてきたのに提案を受け入れてくれない、ということがあります。それは、その提案が相談者にとって嫌なこと、やりたくないことであるときによく起こります。

　例えば、相談者は上司のことをとても嫌っており、口もききたくない。そんなときに、キャリアコンサルタントが「上司とのコミュニケーションを取るようにしてみては…」などと提案しても、おそらく受け入れられないでしょう。キャリアコンサルタントから見て、それが問題解決のため必要なことだと感じられたとしても、です。

　そして、相談者に提案を受け入れてもらえないときについやってしまいがちなのが、キャリアコンサルタントが相談者を説得しようすることです。相談者がなぜその提案された方策を行うことが大事なのかがわかっていない場合であれば、必要性を説明されることで、「そういうことであれば…」と受け入れてくれることもあるかもしれません。ただ、「説得された」という気持ちが残れば、関係性を下げてしまう可能性があります。

　一方、相談者によっては、「それが大事なのは自分でもわかっているけど、それでも嫌」ということもあります。そのときにキャリアコンサルタントがまたやってしまいがちなことは、「大事だとわかっているなら、がんばってやりましょう！」と説得しようとすることです。キャリアコンサルタントからすれば、「大事だとわかっているなら、やればいいじゃない」と思うかもしれません、もしかしたら必要性がわかっていないときより受け入れてもらいやすいと考えるかもしれません。

第4章　具体的展開（目標、方策）

しかし、それは逆です。この場合、「大事」よりも「嫌」が上回っているのですから、より丁寧な関わりが必要です。キャリアコンサルタントは「大事」を押し通すよりも、相談者の「嫌」に関わっていくことが必要です。そうしないと、「このキャリアコンサルタントは私の気持ちをわかってくれない」、「自分の都合で無理強いしようとする」などと関係性が崩れてしまいかねません。

　では逆に、ここで相談者の「嫌」な気持ちに、キャリアコンサルタントが丁寧に関わってくれたらどうでしょう。「このキャリアコンサルタントは自分の気持ちをわかってくれる」、「自分を尊重してくれている」と信頼感が増します。その上で、「大事」と「嫌」な気持ちそれぞれに関わっていくことで、相談者にも新たな視点が生まれるかもしれません。それこそ、相談者が主体的に考え、解決していくことにつながります。

　いずれにしても、実行するのは相談者です。**相談者が気乗りしない提案は百害あって一利なし**、です。そのことを理解した上で、面談を進めていっていただければと思います。

スキル 76 相談者が提案を受け入れない ときの対応③

　相談者が提案を受け入れてくれないとき、「では、○○ではどうですか？」とすぐに別の提案を行うということは、基本的にはしないほうがよいと考えられます。

　提案を受け入れないのは当初の提案がよくないからで、他のよい提案をすれば受け入れてくれると思ってのことかもしれません。ただ、少し立ち止まっていただきたいです。なぜなら、相談者にはキャリアコンサルタントからの提案を受け入れない理由があるからです。**他の提案をする前に、まずはその理由をより詳しく聞いていく必要があります**。何が相手の関心事や懸念事項なのかを理解するのです。提案が受け入れられない場合は、その理由についてもっと掘り下げて聞いていくことが適切な対応だと考えます。

　提案を受け入れられない場合、傾聴スキルを使って相手の懸念や関心事に焦点を当てていきます。なぜ相手が提案を受け入れられないのか、その原因を理解することが重要です。例えば、提案した後に相手が「それはちょっと…」とか「うーん、まあそれもそうなんですけどねえ」といった反応を示した場合、相手に何か気になることがあるかどうかを尋ねてみるのです。また、「何が妨げになってこの提案を受け入れられないのか」という質問をすることも有効です。これらのアプローチをとることで、相談者が「実は…」、「いや、それは…」などと自分が思っていることを話し始めてくれると思います。そうすることで相談者への理解が深まり、より深い対話の展開が期待できます。その上で、抵抗を受け止め（必要であれば不適切な対応を謝罪して）、抵抗の要因に対処します。適切に対応できれば、抵抗は相談者との関係を深めるチャンスにもなります。

第4章　具体的展開（目標、方策）　　147

逆に、このときやってはいけないことは、抵抗しているのに説得したり、押し切ろうとしたりすることです。また、抵抗を受け止めずに違う提案をしたり、話題を変えてしまうこともよくありません。これらのことは、相談者が真に求めていることを知ることを妨げ、相談者に不信感をもたらす対応といえます。

ひと言コラム

◎ 相談者ファーストで進める

　相談者が提案を受け入れてくれないとき、それでもその提案を推し進めたり、すぐに他の提案をしたりしていませんか。そんなとき少し意識していただきたいのは、「キャリアコンサルタントファーストになっていませんか？」ということです。

　このような対応をしてしまうのには、いろいろな理由があるかもしれません。自分ではよい提案だと思っているから、面談時間が限られているから（特に試験などの場合）、などがその例です。ただ、「それは相談者ファーストの対応か？」と考えてみていただきたいです。「提案を受け入れない」というのも相談者の意思表示です。そこを受け止めて、関わっていくことのほうが、相談者ファーストの対応だと感じます。

　この例に限りませんが、キャリアコンサルタントとしては常に相談者ファーストを意識して面談を進めていただきたいです。

スキル77 大切なのは「相談者のためになるか」

　キャリアコンサルティングにおいて決まった進め方はありません。ある意味で「正解」のない世界でもあります。本書でご紹介しているスキルも、「こうやれば、いつでも、誰でも絶対うまくいく」というものではありません。そのような中で、**一つ指針になるものがあるとすれば、それは「相談者のためになっているか」ということです。**それもキャリアコンサルタントが「相談者のためになっている『はず』だ」と考えるものではなく、実際に相談者のためになっていることが大切です。

　そのためには、相談者主導というキャリアコンサルティングの基本を守りながら、相談者にも都度確認して、「合意」、「共有」しながら進めていくことが大切です。その姿勢に、相談者も自分が尊重されている、大切にされていることを感じて力を得るのではないでしょうか。少なくとも面接から帰るときには、来る前より少しでも気持ちが落ち着いたり、元気になったりしてもらえるような面接を行いたいですね。

第4章　具体的展開（目標、方策）　149

第 5 章

試験対策

　キャリアコンサルティングの力量を高めることはまず重要ですが、試験という非日常の場面で実力を発揮するには試験のための準備も必要です。

　ここでは特に試験特有の問題である、事例の取扱いや口頭試問を中心に取り上げました。基本的には国家資格キャリアコンサルタント試験、2級キャリアコンサルティング技能検定に共通している内容を取り上げていますが、一部、技能検定のみに該当するものはタイトルの後ろに（技）、国家資格キャリアコンサルタントの協議会試験のみに該当するものは（協議会）、JCDA試験については（JCDA）と付記しています。

　また、国家資格試験での評価区分についても、何を意識して取り組めばよいのかというご質問をよくいただくので、それらについてご紹介しています。受験を検討されている方はもちろん、それ以外の方もキャリアコンサルタントに何が求められているかを知る一つの情報源としてお役立ていただけるものと考えています。ぜひ参考にしてください。

スキル78 試験に役立つ！システマティックアプローチ

　システマティックアプローチは、皆さんご存知ですよね。多分、学科試験などでこの考え方が出てきたりして、覚えている方もいると思いますが、試験の際には、これをどこまで理解していればよいのか、どのように活用するのかといったことをお伝えしたいと思います。

　システマティックアプローチとは、①面談の開始（関係構築）から②問題の把握、③目標設定、④方策の実行、⑤内容の評価、そして⑥面談の終了までのステップのことを指します。面談の際に大まかにこの流れで進めるとよいという目安のようなものです。絶対にこれを守らなければならないということではありません。相談者は人間であり、必ずこのステップに当てはまるとは限りません。ただ、このような流れで進めるとよいのではないか、という一つの指標として覚えておいていただければと思います。

　面談を行う際に、システマティックアプローチの流れを意識しておけば、キャリアコンサルタント自身も迷子になりません。例えば60分間の面談がある場合、どのように最後まで進んでいくのか、流れに沿って考えてみていただくとよいでしょう。

　まず、①カウンセリングの開始では、「こんにちは。本日担当させていただきます、○○です。よろしくお願いします」と挨拶し、その後、アイスブレイクを行います。アイスブレイクは、相手をほぐすための関わりですね。そして、そこから相談者との関係構築を深めながら、相談者に話したいことをどんどん話していただきます。

　そして、その先に次の段階である②問題の把握があります。問題の把握とは、キャリアコンサルタントが相談者の問題点を理解することを指します。そして、問題はキャリアコンサルタントが把握するだけ

第5章　試験対策　　153

でなく相談者と合意・共有することが大切です。

　問題の把握ができたら、その問題を相談者とも共有し、次に、③目標の設定です。どのように解決していくか、どのような目標を設定するか、相談者と一緒に考えていきます。「一緒に考える」というところがポイントです。キャリアコンサルタントが勝手に「こうしましょう」と決めるのではありません。一緒に考えて、相談者にOKを出してもらいます。

　そして、④方策の実行です。これは、論述試験などでも出てくる部分で、問題の解決のために具体的に何にどんな順番で取り組んでいくかを計画し、実行する段階です。

　その次は⑤内容の評価ですね。これは、終盤になって、「今日のお話しについてどうでしたか」、「何か他にお話されたいことはありますか」といった形で、相談者に内容を評価してもらったり、自分でも気づいたところを確認するという段階です。

　そして、最後に⑥カウンセリングの終了です。カウンセリングが続く可能性もあるかもしれませんが、次回の予約を取るか、次回のテーマを決めるなど、次までの段取りを整えることもあります。「これで、今日のカウンセリングは終了です」と伝えます。

　システマティックアプローチは、こうしたステップで進めていくとよいです。これが、迷子にならないようにするための目安となります。

　では、試験の際にこのプロセスのどこまで進んでいればよいかというと、国家資格キャリアコンサルタントの試験の場合は、15分間で②の「問題の把握」まで、また、2級キャリアコンサルティング技能検定の場合は、20分間でさらに進んで、③の「目標設定」まで進めることが目安となります。ただ、これらはあくまで目安です。相談者や相談内容によっては、そこまで進まない、もしくは、それ以上進むといったこともあり得ます。面談はあくまで相談者ありきですので、そこは柔軟に対応していただきたいと思います。

154

スキル79 事例について思い込まない（技）

　２級キャリアコンサルティング技能検定では、事前に５つのケースが提示されます。それを見ながら、「こんな状態なんだなぁ」、「こんな人なんだなぁ」、とその状況や相談者について考える方も多いと思います。

　ここで皆さんに気をつけていただきたいのは、「思い込んでいませんか」ということです。つまり、受験生側が事例を見て、相談者に対して、もしくは、相談者の問題に対して自分なりの解釈をしてしまっている場合があるということです。

　例えば、「一般事務の仕事を希望している大学生が、『就職が決まらない』と相談に来た」というケースを見たときに、皆さんは何を思いますか？　正解がある訳ではありませんが、このケースを読んで、「この学生はすでに一般事務の仕事に応募した（けど決まらない）」と思い込んでしまう人がいます。すると、「もう一般事務の仕事にもたくさん応募したけど、全然決まらなかったんだ」と相談者の人物像を作り上げてしまいます。そして、その考えのまま試験に臨んでしまい、相談者に対して「もう事務はダメなんだよね」といった気持ちで話をしてしまいます。

　ところが、実際に相談者本人に話を聞いたとき、「いえ、一般事務の応募は一つもしていません」と言われたとしたら、どうでしょうか。おそらく、「え、何？どういうこと？」とびっくりして不一致を起こしたり、「思っていたのと違う！どうしよう…」と混乱したりしてしまうのではないでしょうか。

　実際に、試験後には毎回このような経験をされた方の話を聞きます。皆さんには気をつけていただければと思います。

第５章　試験対策　　155

ケースの内容は、とても気になるとは思います。ケースを使って練習することも大切なことです。ただ、あれこれ考えて、自分の中でイメージを作り込んでしまうと、それが裏目に出てしまうことが結構あります。思い込みにつながってしまうのですね。

　ですから、ケースについてはあまりイメージを作り込まず、考えるとしてもあくまで一つの仮説として、「こういうこともあるかもしれないよね」くらいに考えるほうがよいです。**どれだけ考えても、答えは相談者自身しか持っていません**。そういうものだと思っていただきたいです。

　試験当日に相談者と話してみると、「事前に思っていたのと違う」ということは普通にあることです。そのようなときも、そこは受け入れてほしいと思います。「あぁ、そうだったんですね」といった感じで。そこからまた相談者の話を聞いていただきたいと思います。

スキル80 相談者の声が聞き取りづらいときの対応

　実技面接試験のとき、相談者の声が聞き取りづらい場合があります。相談者の声量の問題もありますが、会場によってはエアコンの音や室外からの音なども加わって、相談者が何を言っているかわからないといったことがあったりします。相談者の話が聞き取れないのは困りますよね。このような場合はどうしたらよいでしょうか。

　相談者の話が聞き取れなくて困ったときに「もっと大きな声で話してください」と優しく言うのもありだと思います。ただ、それよりも、**そのような場面になってから困らないように、面談の最初のアイスブレイクの段階で相談者に伝えておくとよい**と思います。

　これはどういうことかというと、試験官から開始の合図があったら、最初に相談者役の方に挨拶をします。「今日担当させていただきます、○○です、よろしくお願いします」という感じです。そして、そのまま「今日はどのようなお話ですか」と続ける方もいると思いますが、その前にアイスブレイクの時間を取り入れます。

　例えば、「○○さん、今日はお越しいただきまして、ありがとうございます」と、来ていただいたことに感謝の気持ちをお伝えします。そして、もし何か聞き取りにくい状況が予想されるのであれば、その後に続けて、例えば「私も今日は、○○さんが聞こえやすいように大きめの声でお話をさせていただきます。私も途中で、もしかしたら、『○○さん、ちょっと今聞き取れなかったのでもう1回お話をしていただけませんか』とお聞きしてしまうこともあるかもしれませんが、そのときはどうぞご協力をお願いいたします。では、今日はどのようなお話でしょうか…」といった感じで本題に入っていきます。

　このように最初に伝えておくと、相談者も声を大きく出そうと思っ

第5章　試験対策　　157

ていただけると思います。また、途中で「すいません、聞こえなかったので、もう1回お願いします」と言っても、最初に伝えているため、あまり気兼ねなく言えるかと思います。面談の途中で、「聞こえないな。でも、どうしようかな…」と悩みながら進めるのは、相談に集中できなくなるため、よくありません。ですので、最初にこのように少し配慮しておくと、相談者も話しやすいですし、こちらも進めやすくなります。

　これは、相談者が早口な場合など、相談者の声が小さいとき以外にも応用ができる方法です。ぜひ取り入れていただければと思います。

スキル81 「どうして知っているんですか？」と言われたときの対応

　相談者の事前情報の取扱いは、実務はもちろん、試験においても注意が必要です。

　国家資格キャリアコンサルタント試験の場合は、試験当日の会場で、試験を受ける前に「これを読んでください」といって、相談者情報が少し書かれたものが手渡されます。それを見ると、相談者の氏名や状況がある程度わかるようになっています。

　一方で、2級キャリアコンサルティング技能検定の場合は、事前に、受験票とともに5人分の相談事例が送られてきます。受験者はこの事前情報を基に、ロールプレイの練習を行ったりしているかと思います。

　このように、キャリアコンサルタント試験でも、技能検定でも、我々は事前に相談者の情報を知ることになります。では、面談の際に、それらの情報をすでに知っているものとして相談者に伝えるべきか否かという点について考えてみましょう。

　例えば、相談者情報に「この相談者には、現在子供が1人おり、第二子を妊娠中」と書かれていたとします。そうすると、こちらはその相談者と会う前に「この人にはお子さんが1人いて、今2人目を妊娠している」という情報を知っています。

　そして、試験本番中に、まだ相談者が第二子を妊娠中であることについて言及していないのに、受験者のほうから「今お二人目がお腹にいらっしゃるんですよね」と何気なく言ったとします。そこで相談者から「どうしてそのことを知っているんですか？」と驚いた顔で言われたら、皆さんはどうしますか。このように相談者がまだ言っていないことを先に言ってしまうと、相談者は驚くかもしれません。そうすると、受験者も驚いて頭の中が真っ白になってしまうなんてこともあ

第5章　試験対策　159

ります。

「え？だって、ここに書いているじゃないですか」と言いたくなる方もいるかもしれません。その気持ちもすごくよくわかります。ただ、やはり気遣いや配慮は大事だと考えます。そういう意味では、**まだ相談者が発言していないことには触れないほうがよいかと思います。ど**うしても言いたいのであれば、「事前にいただいている情報では〜」**という風にワンクッションを伝えるようにします。**また、ワンクッション入れるのを忘れてしまった、もう言ってしまったという場合に、相談者から「どうして知っているんですか？」と言われたら、まずは謝罪です。「びっくりさせてしまって申し訳ありません。事前にいただいている情報では、そのようなことを書かれていましたので…」と言ったことをお伝えしてください。

このように試験では受験者は事前に相談者の情報を知っている訳ですが、情報に対する配慮というのはとても大事だということです。もちろん事前に得た情報を伝えてはいけないという訳ではありません。また必要がなければ、面談の中でその情報に触れなくてもよいです。ただ、その情報を伝えたいという意図がある場合、相談者を驚かせたり不安にさせたりしないように配慮をしながら進めることが重要です。このような配慮を心がけながら、相談者とのコミュニケーションを円滑に進めていただきたいと思います。

スキル82 要約について

　キャリアコンサルティング、特に実技試験のロールプレイで、相談者の話を要約して伝え返すほうがよいのか、それとも要約せずにそのまま深掘りしていくほうがよいのか、このテーマについて考えてみたいと思います。

　例えば、国家資格キャリアコンサルタントの実技面接試験では、15分間のロールプレイが行われます。この15分の中で相談者との会話を要約する場面があります。通常、最初に1回は要約が入ると考えられます。これは面談の冒頭に相談者が自身の相談したいことを話すので、それを要約します。その後、終わりのほうにもう一度要約を行います。したがって、15分間の要約では、通常2回ほど要約が行われると考えられます。

　これはあくまで一般的な傾向であり、必ず2回必要ということではありません。個々の状況や相手との関係によって異なる場合があります。したがって、15分間のロールプレイの中で1回しか要約をしなくても問題はありませんし、2回以上要約しても構いません。

　ただし、中には何度も頻繁に要約を行う人がおり、その場合は注意が必要です。なぜなら、要約ばかりしていると、なかなか話が展開しないからです。15分しか時間がないのに、要約ばかりしていたら前に進まないですよね。要約が多いと時間不足になりがちで、相談者の問題を把握できないままロールプレイの時間が終わってしまったりすることもあります。

　また、要約が多い方の中には、要約がただの復唱のようになっている方もいます。要約というのは、例えば2時間の映画を観たあとに、その内容を15分ぐらいで話すようなイメージです。一方、復唱という

第5章　試験対策　　161

のは、2時間映画を見て、その映画について2時間話す、というようなレベルです。ご自身の要約がきちんと要約になっているかということも少し見直してみてください。

　そして、**要約は最初に1回、そして終わりのほうに1回ということをお伝えしましたが、それぞれの要約の内容には違いがあることも大切です**。面談が適切に展開していれば、最初に相談者が言っていることと終わりのほうに相談者が言っていることは違うはずです。それをまとめる、つまり要約すると、それらの内容にも当然変化があるはずです。ですので、適切に展開しているかどうかを判断する際には、要約に変化があるかどうかを確認するとよいでしょう。もしも変化がない場合は、適切に展開していない可能性が高いです。このあたりからもご自身の課題が見えてくるかもしれません。

スキル 83 相談者の言葉への対応

　論述試験の冒頭や面談・実技面接のロールプレイで、相談者が最初にいろいろなことを言う場面があります。例えば、「今日どのようなお話で来られましたか」という質問に対して相談者がいろいろと事情を話すでしょう。

　その中で、例えば「もう私、この会社に残る気はないんです。思い切って転職しようって思っているんです」といった言葉を相談者が述べたとします。このような場合、キャリアコンサルタントは相談者の言葉を信じて、その方向で話を進めてよいのかという疑問が生じます。

　そのような場合、キャリアコンサルタントとしてはどうすればよいのでしょうか。

　まず、「この会社に残る気はありません」と相談者が言っているので、キャリアコンサルタントとしては、「残る気はないんですね」と相談者の言葉を受け止め、その気持ちをしっかりと傾聴します。「本当にそうなのかな？」と思うかもしれませんが、今相談者がそのように言っているということは事実ですので、その事実を受け止め、どうしてそのような言葉を発するのかに関わっていきます。

　そうすると、その後の対話の中で相談者の内省が深まって、「最初はこう思っていたけど、やっぱりこうかも…」といったような心境の変化が起こってくることがあります。ですので、キャリアコンサルタントのほうからも、「最初にこの会社に残る気はないとおっしゃられていましたが、今はその気持ちが変わりませんか？」などというように確認をします。相談者は、最初は辞めるつもりだと思っていたかもしれませんが、話をしていくうちに残るほうがよいのかと思うようになったかもしれません。しかし、これは相談者にしかわからないこと

第5章　試験対策　　*163*

ですので、しっかりと相談者に確認を取ることが大切です。

　このように、相談者が最初に言っていることについては、キャリアコンサルタントが**「本当かな」、「このまま進めていいのかな」**などと**思ったとしても、まずは一旦、相談者に寄り添って傾聴します。**キャリアコンサルタントとしては、「あのように言っているけど、本当にそう思っているのかな」、「本当はどうしたいのだろうか」などと思うこともあるかもしれませんが、それは相談者にしかわかりません。相談者自身も最初の段階ではわかっていないこともあります。

　ですので、相談者が最初に言っていることが本当にそうなのか、そうでないのか、どちらにしても、キャリアコンサルタントとしては思い込まないほうがよいです。そして、相談者本人が自分はどう思っているのかが明確になるよう関わっていきます。つまり、まずは相談者の言っていることを傾聴すること、そして、そのまま進めてよいかどうかは、都度、相談者本人に確認を取るということです。

スキル84 主訴の捉え方

　「主訴」とは何かというと、相談者が問題だと思って訴えていることです。ロールプレイや面談の際には、この主訴をちゃんと覚えておき、それを口頭試問でも答えられるようにしておく必要があります。

　相談者が何を問題と感じているか、主訴を把握することで支援を適切に行うことができます。通常、ロールプレイや面接の初めのほうに言っていることが中心に成り立っています。相談者が問題として提示した内容を中心に挙げるとよいでしょう。

　国家資格キャリアコンサルタント試験の場合、ロールプレイは15分間ありますので、その最初のほうで言ったことに加え、その後もいろいろな内容が出てくると思います。相談者が最初に述べた問題や悩みを最初に取り上げ、追加で情報があれば、それを加えるとよいでしょう。

　例えば協議会試験の場合であれば、最初に相談者が少し長めに話をします。大体の場合はそこに主訴が盛り込まれているので、そこを中心に伝えていくとよいでしょう。JCDA試験の場合も、最初の部分でオープンクエスチョンを使って相談者の話を引き出し、過去の経験を振り返ることで、相談者が抱える問題や悩みが明確になります。

　注意点としては、相談者の主訴とキャリアコンサルタントの見立てを混同してしまわないことです。主訴とは相談者から見た問題点のことをいいます。見立てというのはキャリアコンサルタントから見たその相談者の問題点のことをいいます。ときどき両者を混同してしまっている方がいます。例えば、試験官から「主訴は何ですか？」と聞かれたときは、相談者から見た問題点を語るべきであり、自分の見立てを述べるべきではありません。自分が今何について尋ねられているのかを理解し、適切に回答することが重要です。

第5章　試験対策　165

「見立ての型」について

スキル85

「見立ての型」を教えてほしいというご質問をよくいただきます。見立てとは、キャリアコンサルタントから見たその相談者の問題点を指します。

キャリアコンサルタント視点の問題を適切に捉える上では、「問題に気づくこと」、「捉えた問題が何の問題かを理解できること」が必要です。これらが十分できていないと、問題把握を適切に行うことはもちろん、その後の対応も考えることができないと思います。そこで**「見たての型」を理解しておくことはとても役に立ちます**。

見立ての型には、自己理解、仕事理解、自己効力感、コミュニケーション、捉え方、解釈、正しい情報を確認、行動、中長期的なプランなど、たくさんのものがあります。ここに挙げたほかにもいろいろとあります。これらを頭の中に入れておいて、相談者の話を聞きながら、これらのどこかに問題があるかなと考えてみてほしいです。

見たての型があると、相談者と話をしながら、「あ、このあたりに問題があるのかな」と気づきやすくなります。そして、「じゃあ、それって何の問題なのかな。見立ての型の中のどれに該当するのかな」と、キャリアコンサルタント視点での問題を考える材料になります。

例えば、「この人、今話を聞いていると、『自分にどんな仕事が向いているのかわからない』とういうような発言が何回か出てくるなぁ」と感じたら、「それは、『自己理解』が不足しているんじゃないかな」と考えることができます。このように、「相談者からこういう発言があった ⇒ 何か問題がありそう ⇒ それは何の問題だろう」、と考える（見たてを明確化、言語化する）ための材料として見たての型は役立ちます。見たての型となるものはたくさんあるので、いろいろと知っ

166

ておくとよいでしょう。

　このようにいうと、あらかじめキャリアコンサルタントが用意した見たての型に相談者を当てはめようと思ってしまうかもしれません。例えば、相談者の話を聞く前に「『自己理解』の問題があるはず。『自己理解の』の問題に当てはめよう」とあらかじめ決めつけて相談に臨むような感じです。ここまであからさまではなくとも、これに近いことをしてしまっている方が結構多いです。

　ただ、これは違います。逆です。相談者の言動があって、そこから「もしかしたら、何か問題があるかもしれない。それは、この中（見たての型の中）にあるかもしれない。どれだろう」というのが正しい方向です。逆にはしないでください。相談者を特定の見たての型に絶対に当てはめるぞ、当て込むぞ、というようなことはやらないでください。

　そうではなく、相談者の話を聞いていくうちに、「あれ、この人、○○についても周りの人と話していないんだ。周りの人とコミュニケーションってどうなっているのかな」と感じたら、そこをさらに深く聞く。そして、深く話を聞いていった結果、「コミュニケーションの問題がありそうだ」と見立てを特定するといった感じです。

第5章　試験対策　　167

スキル86 具体的展開力を引き上げるコツ（技）

　２級キャリアコンサルティング技能検定は、特に実技面接試験が難しいといわれており、多くの受験者が苦戦しています。そこで、合格に向けたアプローチや評価基準について詳しく見てみたいと思います。

　２級キャリアコンサルティング技能検定には、４つの評価区分があります。基本的態度、関係構築力、問題把握力、そして具体的展開力がそれぞれ評価され、各項目が60点以上であれば合格です。

　これらのうち、基本的態度と関係構築力、問題把握力は合格点に達している一方で、最後の具体的展開力だけ60点に満たないため不合格となっている、というケースをよく見かけます。そうなると、合格のためには具体的展開力を向上させる必要があると考えられます。このような場合、具体的展開力の点数だけ上げれば合格できると思いがちですが、具体的展開力の点数だけを上げようとすることはあまりお勧めしません。

　では、どうするのがよいかというと、基本的態度と関係構築力に焦点を当て、これらの点数を向上させることをお勧めしています。基本的態度と関係構築力の向上が結果的に問題把握と具体的展開力の向上につながることが多いからです。

　なぜなら、基本的態度と関係構築力は、相談者との信頼関係や良好なコミュニケーションにつながります。相談者が心を開いて話すことで、キャリアコンサルタントは問題を把握しやすくなり、具体的な展開にもつながりやすくなります。ラポールがしっかりと形成されることで、相談者は気持ちよく話をして、それが問題把握や具体的展開力の向上に寄与すると考えます。そのため、具体的展開力だけに焦点を

当てるのではなく、基本的態度と関係構築力を強化することが重要なのです。

　一方、逆のケース、つまり、基本的態度と関係構築力が著しく低く、問題把握力と具体的展開力だけが合格点に達している人は非常に稀だと感じます。このことからも、基本的態度と関係構築力が高いほど、問題把握や具体的展開力によい影響を与えると考えられます。これらは単なる点ではなく、線で結ばれた要素であり、相互に影響し合っています。

　ですので、**問題把握力や具体的展開力を向上させたいと思う場合でも、それだけにフォーカスするのではなく、基本的態度と関係構築力に重点を置いて強化していくことが効果的です**。そうすることで、全体的な向上につながり、よりよい結果が期待できるでしょう。

口頭試問について

スキル87

口頭試問で意識していただきたいことは、国家資格なら15分間、技能検定なら20分間の様子を**客観的に振り返った回答をすること**です。ロールプレイが終わると休憩もはさまず、すぐに試験官から「こちらへ向いてください」と言われて、質問が飛んできます。その質問に対して、ロールプレイを客観的に振り返った回答をするということが求められますので、やはり練習も必要ですし、そもそも適切なロールプレイができていないと回答が難しくなります。ですので、まずはロールプレイをしっかりとできるようになっていただきたいです。

また、評価区分の内容と関係のないことはあまり言及しなくてもよいと思います。

例えば、試験官からの「できたこと、できなかったことは何ですか」との質問に、まったく関係のないこと、例えば「すごく緊張して…」などと"感想"を言ったりする人がいます。試験官としては、「そのようなことを言われても困るんだけど…」と思っているでしょう。

ですので、「できたこと、できなかったことは何ですか」と聞かれたら、「はい。できたことは○○です。次に、できなかったことは△△です」と具体的に示すことが必要です。質問に答えられていない人は意外に多いように感じます。

また、できているのに「できなかった」と言ったり、逆にできてないのに「できた」と言ったりすると、試験官からすれば「まったく客観的に見られてないですよね」ということになってしまいます。こうしたことは自分のことを客観的に見られていないときにもありますが、答えをあらかじめ用意している場合にもよく起こります。練習をすることは大事ですが、あらかじめ答えを用意して持っていくのはあ

まり適切ではないです。実際の状況に応じて、正直かつ客観的に回答することが重要です。確かに、あらかじめ用意した答えが実情に当てはまっていれば、それは問題ありませんし、合格につながると思います。ただ、実際にはそうした状況には、なかなかなりません。やはり実際の面接場面に応じた適切な回答をする必要があります。

　また、評価区分についても、あまり深く理解していない方が多いようです。評価区分についてはもう一度しっかりと確認しておくことが大切です。面接試験の評価区分については、公式サイトで公開されており、誰でも閲覧することができますので、必ず確認してください。

　2級実技面接試験では4つの評価区分があります。これらの評価区分は、「こういうところを見ますよ」、「こういうことを求められていますよ」と面接時に求められる内容や対応を示していますので、評価区分の内容を基に口頭試問に対応していくことも一つの方法だと思います。

　ただ、このように書くと、評価区分を丸暗記してそのまま言おうとする人もいるのですが、それは違います。丸暗記ではなくて、例えば「基本的態度は『キャリアコンサルタントとして自分をありのままに受容し、言語・非言語で表現し、多くの場合、一致していること。…』とあったな」と思いだしながら、「そういえば、一致してなかったな」という場面があったら、それもできなかった点、改善したい点として伝えます。「面談の○○のあたりで相談者さんの『…』という言動があったときに、少しを戸惑ってしまい、そこで不一致を起こしていました」とその場面がありありと想像できるような言い方をして、客観的に自分をちゃんと見ていましたとアピールしてください。

　そうすると、その改善点というのも評価の対象に入ってくるかもしれません。ですので、評価区分の各項目でどんなことを求められているのかを理解して、その中にあるキーワードを使いながら答えていってもよいと思います。

第5章　試験対策　171

スキル88 口頭試問でのイレギュラーな質問への対応

　口頭試問でイレギュラーな質問があったという話を聞くことがあります。口頭試問の場面では、質問の内容がほぼ決まっている場合もありますが、最近では質問の種類や内容が少しずつ変化しているようで、イレギュラーな質問が増えているかもしれません。

　では、なぜイレギュラーな質問がされるのかについて、考えてみたいと思います。ただし、具体的な内容は公表されていないため、以下は筆者の個人的な意見ですが、おそらくロールプレイ中に行われている行動について、試験官が確認したいと思っているのではないかと考えています。

　例えば、ロールプレイの中で、試験官が「何かできているなぁ」と思う場面があるかもしれません。しかし、試験官も、「できているように見えるけど、本当にできているのかな、偶然なのかな？」と疑問を抱くことがあります。そのため、試験官はその状況を確認するために質問をするのではないでしょうか。そう考えると、**イレギュラーな質問はチャンスでもある**と考えています。答え方次第で、得点が上がる可能性もありますが、一方で下がる可能性もあります。

　これは筆者の個人的な意見ですが、ロールプレイの時点で点数が高くついているような受験者には、いつも通りの質問がなされると考えられます。それは、追加で何かを確認するまでもなく、もう合格基準を満たす力があると思われているからです。一方、点数が足りない受験者にも、いつも通りの質問がなされることが多いでしょう。

　イレギュラーな質問がされやすいのは、その中間、合格かどうか、という狭間にいる受験者に対してではないでしょうか。つまり、イレギュラーな質問に対する回答次第で合格か不合格かが分かれるのでは

ないかと感じています。

ですので、もし何かイレギュラーな質問があった場合は、焦らないでチャンスだと思って取り組んでください。また、事前の心構えとして、イレギュラーな質問はあるものだと思って試験に臨むほうがよいでしょう。

ひと言コラム

◎ イレギュラーな質問対策

イレギュラーな質問というと、「何を聞かれるかわからない」と身構えてしまうかもしれませんが、口頭試問もコミュニケーションなので、あまりにも脈絡のない突拍子な質問がなされることはまれだと思います。先になされた質問やそれに対する答えから派生した質問であることがほとんどです。先になされた話題に対してさらに深く聞く、関連したことを聞く、といった感じです。

ですので、対策としては、まずは口頭試問の際、今、自分と試験官の間でどのような対話をしているのか意識しておくことが大切です。そして、イレギュラーな質問に限らず、試験官が自分に何を質問したのかをしっかりと（正確に）聞くこと。もしわからなければ聞き返すことも必要です。もちろん、聞き返すこともなく適切な応答ができればそれに越したことはありません。ただ、受験者も緊張していますし、質問がわかりづらい場合もあります。何より、わからないままあやふやな答えをするよりも良い結果につながります。

第5章　試験対策

スキル89 口頭試問を文章化してみる

　口頭試問の練習方法についてお伝えします。口頭試問はロールプレイが終わるとすぐに始まります。直前までロールプレイに集中していたのに、急に頭を切り替えて試験官からの質問に答える体制に入らなければなりません。これが難しいと感じる方もいるでしょう。

　では、普段からどのような練習をしていけばよいのかということですが、口頭試問を文章化することをお勧めしています。ロールプレイに関しては、録音したり、録画したりしている方も多いと思います。また、それらを逐語にしている方もいるかと思います。それと同じように、**口頭試問についても録音、録画、そして、その逐語、つまり文章化することを練習に含めてください**。試験官からの質問と、それに対するご自身の答えを文章にしてください。

　そして、それができたら、まず答えた内容がロールプレイの内容と合っているか確認してください。例えば「できたこと、できなかったこと」と聞かれて、「できたことは○○です。できなかったことは○○です」と言っていることが、ロールプレイの内容と合っているかどうか、客観的に分析してみてください。

　その次に、答えている内容が具体的であるかどうかを確認してください。抽象的な内容ではあまりよくありません。抽象的だと、「それはどういうことなの？」と試験官は理解できません。「よくわかってないからそういう言い方をするのかな」と思われると、とても損です。ですので、答えが具体的になっているかどうかもチェックしてください。

　そして最後に、口頭試問の答えが聞いていて納得できるかものかどうかを、じっくりと確認してください。根拠が必要なところで根拠を

具体的に示せているか、答えた内容が論理的で整合性があるかということです。試験官から見ても、「確かにそうだね」、「納得できる」という内容になっているかどうかです。

このように振り返ると、良し悪しや改善点が見えてくると思います。口頭試問を文章化して、ロールプレイと比べてチェックをしてください。「合っているか」、「具体的か」、「納得できるか」という3点から振り返ることがポイントです。

実技面接試験の当日まで、ロールプレイの練習をするときに、必ず録音または録画をして、逐語記録に落とし込み、口頭試問を見直していくと、ご自身の現在の課題が見えてきます。それを基にさらに練習を重ねてステップアップしていくとよいでしょう。

スキル90 ロールプレイが15分（20分）もたないときの練習法

　ロールプレイが苦手な方や、15分間（20分間）ももたないと感じる方のために、ちょっとしたコツをお伝えしたいと思います。

　実技面接試験、特に国家資格キャリアコンサルタントの場合、15分間（2級技能士の場合は20分間）の設定で対話が行われ、その様子が試験官によって点数化され、合格につながります。

　しかし、初めての方は何を話せばよいかわからないし、どうすればよいかもわからないと感じることが多いですよね。実際に、筆者も受験生だったときにこのような状況に直面し、一緒に勉強している仲間も同じような経験をしていました。突然その場に座ると何も言えなくなる、15分間どころか7分間も話が続かないと感じる方も多いです。

　ロールプレイで15分間（20分間）の話がもたない人へのアドバイスとしては、まず「自分を責めないでください」ということです。最初からうまくできる人はほとんどいません。15分間（20分間）できないと感じても、それは本当にダメなことではありません。筆者の主催する合格講座の受講生の中にも、「もう全然進まないです」と途中であきらめてしまう方がいます。ぜひ、途中でやめてはダメだと思わず、気楽に取り組んでください。

　筆者が提案する練習法としては、まず挨拶をして、キャリアコンサルタントが「今日はどのようなお話ですか」と相談者に尋ねます。相談者が最初の発言をし、それをキャリアコンサルタントが受け止め、ファーストクエスチョンをします。まずはここまでをやってみてください。これだけだと何だかできそうだと思いませんか？　そして、事例を変えてこの冒頭部分だけを何回も練習をする。そうすると、この冒頭部分に関しては、「こういう風にすればいいんだな」ということ

176

がわかり、慣れてくると思います。そうすると、次の段階に進むことができるようになります。

　具体的な例を挙げて説明しますね。例えば、相談者が「私、もう仕事がすごいしんどくてやめようと思っているんです」と最初に発言したとします。その場合、キャリアコンサルタントはまずその言葉を受け止めて、その後ファーストクエスチョンを行います。「あぁ、もうしんどくてやめようって思われているんですね。その『しんどい』っていうところをもうちょっと教えてもらっていいですか」と質問します。ここまでで一旦終わります。そして、また違う事例で同じところまでを行います。これを何回も何回も繰り返します。そうすることで、最初の緊張感が和らぎ、次第に慣れてくるでしょう。

　面談の最初の場面では緊張して頭が真っ白になってしまうこともあるかもしれませんし、何を言ってよいかわからないという方もいます。そんなときは、このような感じで、**小さなステップを何回も繰り返すことでコツや感覚が身についてくると思います。**ですので、15分間（20分間）ももたないと感じている方は、無理をせず小さいステップから始めていき、次に進むのは、ある程度自信がついてからにするとよいでしょう。

スキル 91 フィードバックに迷ったら

　ロールプレイの練習をするとき、練習仲間からいろいろな指摘をされることがあると思います。その人たちは別に悪気があって言う訳ではないのですが、人からいろいろ言われると、だんだんと、「私、ダメなんじゃないのかな」とか、「何がよいのかわからなくなってきた」と、不安になってしまう方も結構います。そう思ってしまうのは、やはり「正解」を求めているからなのだと考えます。「正解はどれなんだろう」と。

　ただ、何が正解なのかは自分で考えなければならないことです。誰かが正解を持っていて、それを教えてくれる訳ではありません。唯一教えてくれる人がいるとしたら、それは相談者です。練習仲間からいろいろ言われて気になるのはもちろんしょうがないことだと思います。ただ、**相談者がどう思っているかということを中心に、自分の頭で考えて検証するということが大事**です。

　筆者もいろいろな人からいろいろなことを言われました。人によって真逆のことを言われたりしたこともありましたが、あまり混乱しませんでした。なぜかというと、やはり自分の頭で考えて、「すべては相談者の反応だな」と思っていたからです。ロールプレイを練習しているときにも、相談者の反応をずっと見ていました。だから、誰に何を言われても（その人はよかれと思って言ってくれているので、感謝はきちんと伝えた上で）、「この人はそう言っているけど、本当にそうなのかな？」と、自分で調べて検証したり、ロールプレイに取り入れて試してみたりして、相談者の反応を見ていました。

　もし、周りからいろいろ言われて、訳がわからなくなっているという人は、言われたこと全部を受け入れようとしないでください。言わ

178

れたことがすべて正しい訳ではないですし、真逆である可能性もあります。正しいかそうでないかを決めるのは誰かというと、自分自身です。相談者の反応をしっかり感じ、自分で考えてください。そうすると、「ああ、あの人はあのように言っていたけど、実際やってみたら相談者の反応はこうだな。じゃぁ、これで行こう」、という感じです。

ひと言コラム

◎ フィードバックとの付き合い方

　フィードバックは役に立つものもあれば、どう受け止めていいか戸惑うものもあるかと思います。フィードバックは多くの場合、「〇〇したほう（しないほう）がいい」といったようなものが多いです。そのため、何かを「する」、「しない」という行動面だけに気を取られがちです。
　しかし、フィードバックを実りあるものにするため（実りあるものかどうか確認するためにも）、「どうしてそうなのか」という根拠を確認することをお勧めします。特にアドバイスの内容に戸惑ったりしたときほど、できればアドバイスをいただいたそのときに、「どうしてそうする（しない）ほうがいいと思うのか」を確認してみましょう。その根拠や元になる考え方がわかれば、アドバイスの真意がわかります（そういう意味では、根拠がはっきりしないときはあまり信憑性がないということかもしれません）。そして、そこが理解（納得）できれば、自分でも「では、どうすればいいか」もわかってくると思います。

評価区分「態度」（協議会）

スキル92

　「態度」の部分では、どのようなところが評価されているのか、ということを筆者なりにいろいろと研究したのですが、まず、「**声の大きさ**」というのは、とても重要だと感じています。

　どういうことかというと、今まで、態度にC評価がついている方のお話を聞いたり、ロールプレイの様子などを拝見していると、およそほとんどの方に、「声が小さい」という共通点がありました。当然、試験では緊張しますし、緊張すると声が出にくいです。それは、すごくわかるのですが、試験会場では試験官との間に結構距離があったりします。声が小さいと、離れて座っている試験官にほとんど聞こえないといったことにもなりかねません。

　しかし、受験者がまったく聞こえないような発声をしていたとしても、試験官は、「もうちょっと大きい声で話してください」というようなことは言わないようです。そうなると、ロールプレイの時間中、ずっと聞き取れない声で面談をやっていることになります。これでは当然ながら、態度の点数が低くなりやすいです。

　次に、これが一番重要なところですが、「**キャリアコンサルタントの自己不一致**」です。自己不一致の状態というのは、皆さんにも経験があるかもしれません。例えば、相談者が何か言ったときに、「あぁ、そうですよね、そういうふうに思いますよね」と言いながらも、実は共感できてない。そして、その共感できてないことが態度に出てしまう。これが自己不一致の状態です。

　自己不一致を起こしたときには、自分でそのことをちゃんとわかっていること、わかった上で一致させる努力をすることが必要です。それらが見られないと、試験官からも「自己不一致」として評価されて

しまいます。

　また、「**話すスピード**」も態度として大事だと思います。試験の際に、すごく早口になる人もいらっしゃいます。緊張すると、早口でずっと喋っている人もいます。話すスピードについては、ペーシング、つまり、相談者に合わせる必要があります。大体はゆっくりでよいです。少しゆっくりかな、と思うくらいのスピードで大丈夫です。わかりやすく、ゆっくりと話すことが大事です。

　「間」を怖がる方も結構多く、矢継ぎ早に質問してしまう、まだ相談者が考えているのに話し始めてしまう、相談者がまだ話し終わらないうちに話し始めてしまう、といった方がいます。しっかりと間を取る練習もしてみてください。「話すスピード」や「間」については、自分では気づきにくい部分ですので、ぜひ録音をして、それを聞き返してみていただければと思います。

スキル93 評価区分「展開」（協議会）

　「展開」におけるポイントは何かというと、面談の始め、「こんにちは。今日担当させていただきます○○です。今日はどんなご相談ですか」という**出だしのところで話している内容と、15分に近づいてきた段階で話している内容に変化があるかどうか**、ということだと思います。ここに変化があれば、OKです。試験官としても、「あぁ、展開しているよね」という評価になると思います。

　逆に、ここに変化がなかった場合はどうなるかというと、いわゆる「堂々巡り」です。同じようなことばかり繰り返す状態になっています。そうなると、点数は低くなってしまいます。ですので、基本的には堂々巡りをしないというスタンスで臨むとよいでしょう。

　もう少し突っ込んでお伝えすると、要約は、15分間の中で1回、多くても2回くらいだと思います。1回目は、多くは面談の冒頭に行います。相談者が言ったことに対して、「今、お聞きした内容をまとめさせていただくと〜」などといって要約を行います。そして、その後、15分近くになったときに、「これまでお話ししていただいたことを、ちょっとまとめさせていただくと〜」というように2回目の要約が入ってくるといった流れか考えられます。

　もちろん、2回目の要約は絶対に入れなければならない訳ではないのですが、もし2回要約をするとすれば、1回目の要約と2回目の要約とで内容に変化があることが必要です。そうなっていないと、「展開してないよね」ということになってしまいます。ですので、展開しているかどうかの目安として、この1回目の要約と、その後に行う要約に変化があるかどうかという点に注目するとわかりやすいでしょう。

スキル 94
評価区分「自己評価」（協議会）

　「自己評価」とは何かというと、本当に文字通りです。特に、口頭試問でどれだけ自身を客観的に捉えられているかを見られるということだと思います。**口頭試問でどのような受け答えをしたのかということが、自己評価に直結している**と考えます。

　この自己評価のところでの、あまりよくないと思う回答は、できていないことを「できた」と言ってしまうことです。特に事前に答えを用意しているために、そのような答え方になってしまうことがあるようです。このような場合、自分でも答えながら違和感があるでしょうし、おそらく、それは試験官も見抜いています。試験官はたくさんの受験者を見てきているので、そのような回答はすぐにわかってしまいますので、答えの用意はしないほうがよいです。

　一方、できていたのに「できなかった」と回答する方もいますが、これもよくないです。そのような回答をすると、せっかく面談の中で適切にできていたことも、試験官には「できていたと思ったけど、これはまぐれだったのかな」と思われてしまいます。もったいないことです。

　自己評価の点数を上げるためには、普段のロールプレイの練習の際にも、練習相手の方にできていたことを、きちんと「できた」と言えているか、できなかったことを「できなかった」と言えているかというところも指摘してもらってください。自己評価については、口頭試問においてどれだけ自身を客観的に捉えているかが試されています。そのため、日々の練習にもその視点を取り入れてみていただければと思います。

第5章　試験対策　　*183*

スキル95 評価区分「主訴・問題の把握」（JCDA）

　主訴というのは、相談者から見た問題のことです。また、問題を把握しているのは誰かというと、キャリアコンサルタント、つまり受験者です。したがって、問題把握とは、キャリアコンサルタントから見た問題ということです。

　これまで受験された方のお話を伺うと、主訴については試験官から聞かれなかったという方が結構いらっしゃいます。一方、**キャリアコンサルタントから見た問題点は特に聞かれることが多い**です。ですので、キャリアコンサルタントから見た問題をしっかりと答えられるかどうかは大切ですね。ここでは、キャリアコンサルタントとして、つまり専門家として答えることになりますから、具体的に答えることが必要です。抽象的な回答では、試験官も「何を言っているのかわからない」、「あまりわかっていないのかな」と感じてしまいます。

　そうならないためにも、ロールプレイの段階からどのあたりが問題かを見立てながら、そして、見立てが合っているのか確認しながら、専門家として、ときには専門用語を使いながら、具体的に回答する必要があります。口頭試問で適切に答えられるように普段から練習をしてください。

　また、主訴と問題把握を混同して答えてしまっている例がよくあります。キャリアコンサルタントから見た問題を聞かれているのに、主訴を答えたり、またはその逆の答えをしてしまったり、といったことです。普段の練習ではできていても、試験だと緊張で勘違いしてしまったということもよく耳にします。勘違いしないように、しっかりと試験官の質問を聞くこと。そして、きちんと問題を分けて理解し、聞かれたことに対して適切に回答をするように心がけてください。

スキル96 評価区分「具体的展開」（JCDA）

　具体的展開に対して「A」評価がつくためには何が必要かというと、面談の始めと終わりで話の内容に変化があるか、ということだと思います。JCDAの実技面接試験は15分間あります。そこで最初に相談者が言っていたことと、15分の終わりのころに言っていることに変化があるかどうかということです。初めのほうに言っていたことと、終わりのほうに言ってたことが同じような内容であれば、変化がない、いわゆる堂々巡りになってしまっている可能性が高いです。

　もう少し突っ込んで話をすると、JCDAには「経験代謝」という言葉があります。これに則って考えると、**面談の中で十分過去の経験を語ってもらって、それに対して相談者に何か気づいたことが出てくるというのが一番よいです**。過去の経験を語ってもらって、それを通して何か気づいたことが「ある」となれば、これは最初にお伝えした、始めと終わりの話の内容に変化があるということになります。そうなるとこの「具体的展開」の評価が高くなってきます。ですので、これからロールプレイの練習をする際には、録音や逐語で振り返りながら、始めと終わりの話に変化があるかというところを振り返っていただき、さらにはその中に過去の経験を語ってもらっているかということも確認してみてください。

第5章　試験対策　**185**

スキル97 評価区分「傾聴」（JCDA）

筆者が受験者に「傾聴」とは何ですか？と問うと、「話をよく聞くことですかね」といったような抽象的な答えが返ってきがちですが、「傾聴」で評価されるものは具体的には何かというと、うなずきやあいづち、繰り返し、感情反射、要約など、さまざまな技法を使って、話を展開させていくことです。つまり、試験では、**カウンセリング技法を適切に使って面談を進めているかという点を見られている**のだと考えます。

その中では、やはりその態度も見られていると思います。つまり、自己一致や受容的態度。共感的理解が必要です。これらの態度を持ちながら傾聴ができているかを見られています。また、相談者に関わる際に、早口であったり、ちょっと威圧感があったり、といったことがないか、また、アドバイスしたり、説得したりしていないか、といった点が見られています。説得しだすと、それはもう傾聴ではなくなっています。やはり「きちんと傾聴できていますか」というところが問われているのです。

傾聴は、相談者に、「このキャリアコンサルタントは、ちゃんと聴いてくれている」と思ってもらえるかという点を見ている、そういう項目だと思います。

したがって、ロールプレイの練習の際には、相談者役の方に「聞いてもらえた」と思えたかどうか、「もっと話したい」と思えたかどうかを聞いてみてください。その反応を参考に、自身の傾聴具合をブラッシュアップしていただければと思います。

スキル98 評価区分「振り返り」（JCDA）

　JCDAの実技面接試験では15分間の面談と、5分間の口頭試問が行われます。「振り返り」については、口頭試問での応答の内容がしっかりと見られているという意識で臨まれるとよいかと思います。

　では、振り返りの部分で具体的に何を見られているかというと、基本的にはご自身のことです。15分間の面談について客観的に伝えられるかどうかを確認するために、口頭試問の時間があります。試験官からいろいろな質問が飛んできます。特にJCDAの場合、決まった質問内容もあるのですが、その受験生に合わせた質問が行われることが結構あるので、事前に質問の答えを用意するのは難しいです。

　口頭試問では、その直前に行われた15分間のロールプレイのことを、かなり突っ込んで質問されます。いかに自身のことを客観的に伝えられているかが問われますので、その練習をしっかりしておいていただきたいです。

　JCDAで受験される皆さんに気をつけていただきたいのは、試験官からの質問に答えた後に、その回答に対してさらに質問が重ねられる場合があることです。

　例えば、「この面談で、できたことは何ですか？」と試験官から聞かれたときに、「はい、キャリア理論を用いて面談を進めていったことです」と答えたとします。そうすると、「その『キャリア理論』というのは、どのような理論のことをおっしゃっていますか？」といった感じで、受験者の回答に対して、「それは何なのか」、「なぜそう思うのか」といったようなことを重ねて質問されることがあります。

　ですので、事前に答えを用意することはできませんし、そのような姿勢で臨んでいくのはふさわしくないと思います。答えを用意してい

第5章　試験対策

たのに全然違う質問が飛んできてしまうと、困惑してしまいますよね。自分の回答について深く聞いてくるような質問がされたとき、「どうしよう…」となってきちんと対応できないともったいないです。ですので、そのようなときでもなんとかなるように、普段から口頭試問で答えたことにさらに突っ込んで訊いてもらう練習をするとよいでしょう。

　そのほか、口頭試問では、その場面でどのように思ったのか、という質問をされることもあるようです。そうした場面でも、しっかりと的確に応えられるようになるためには、練習が大切です。このように、「振り返り」は口頭試問での応答が評価されるところですので、**自分が言ったことに対して責任を持つという姿勢で取り組む**ことが重要です。

評価区分「将来展望」（JCDA）

スキル
99

「将来展望」については、一つ大きな特徴があります。それは何かというと、ここは事前に準備ができる部分であるということです。

口頭試問は、試験官からさまざまな質問が飛んできて、それに対して即座に答えることが求められ、基本的には事前に回答が準備できません。中には回答を事前に準備をしている人もいますが、面談内容と整合性のない回答をしてしまうリスクも高まりますし、準備をしていても、その予想が外れたことで動揺してうまく答えられない、ということにもつながります。

したがって、基本的にはそうした事前準備はしないほうがよいということを、筆者の主催する講座の受講生にはいつも伝えています。ただ、「将来展望」についてだけは別です。

将来展望の部分では、キャリアコンサルタントの資格を取ったらどのように活かしていきたいかということが質問されます。皆さんは、何かしらの希望や目標をもって、キャリアコンサルタントを目指していると思います。その**ご自身の将来展望について、具体的な内容で熱意を伝えることが重要**です。

具体的な内容で熱意を伝えることで、試験官に自分の意思や情熱が伝わりやすくなりますので、練習でもそのことを意識してください。自分の将来展望を知り合いや受験仲間に聞いてもらい、フィードバックを得ながら試験官に伝わる内容を作り上げていってください。

また、将来展望についてのよくない回答としては、抽象的な内容、人任せな内容です。「資格を取ったら、そうですね…あまり考えてないけど、なんかこう中高年対象で、相談業務ができたらいいかな〜」といったような、聞いていても、どこで何をやりたいのか全然わから

第5章 試験対策　*189*

ないようなものです。しかも、よくわからない上に「～だったらいいなぁ」と人任せな内容にもなっています。ここまで極端な人はいないと思いますが、このような内容はよくありません。

　また、自信なさげな答え方もよくありません。自信がなさそうに、「私なんかにそのようなことはできないと思いますけど…」などと言われてしまうと、「この人には任せられないよね」となってしまいます。

　試験官としては、このような人たちは国家資格をとっても、その後に活躍してもらえなさそうだと判断します。そう判断されないためには、やはり具体的な内容で、熱意を伝えてください。ちゃんと熱意が伝わっているかどうか、練習しているときに誰かに聞いてもらって確認をしてください。繰り返しますが、この「将来展望」のところは事前に準備ができますので、納得がいくまで練習をして、当日はしっかりアピールしてください。

やり方も大事、あり方も大事

スキル100

　最後に、本書はスキルを紹介する本ですが、キャリアコンサルタントとしてはスキルだけでなく、知識や情報、そして、何より**「キャリアコンサルタントとしてのあり方」**も**とても大事**だと考えます。

　キャリアコンサルティングを行うのは私たちキャリアコンサルタント、つまり、人です。いくらスキルが高くても、知識や情報を豊富に持っていたとしても、それを扱うキャリアコンサルタントのあり方次第で、それらは毒にも薬にもなります。

　そういう意味では、キャリアコンサルタントとしてどうあるべきか、つまり「支援者としてのあり方」についても常に意識し、磨いていく必要があります。そこで一つ大事な指針となるのが、キャリアコンサルタントの倫理綱領です。

　倫理綱領は2024年に時代の流れを受けて改訂されています。そこに書かれている内容は、私たちキャリアコンサルタント共通の指針となります。ぜひご一読いただき、日々の活動の中でも折に触れ立ち返っていただきたい内容です。もちろん現実に起こることは多種多様であり、倫理綱領に書かれていることをどう解釈して適用すればよいのか迷う場面も出てくると思います。そのときはスーパーバイザーなどの助けを得ることも必要でしょう。

　働き方や働く環境が多様化・複雑化する中で、私たちキャリアコンサルタントに求められるものもますます大きくなっていくでしょう。その期待に応えられるように、これからも一緒に研鑽を重ねてまいりましょう。

　ここまでお読みくださりありがとうございました。

第5章　試験対策　　191

〔著者略歴〕

津田 裕子
<small>つだ ひろこ</small>

キャリコンシーオー　主宰／株式会社リバース　取締役

大阪府出身。大学卒業後は一般企業にて一般事務や経理、総務、人事を経て、採用担当として面接官を経験。その後、職業訓練校での講師経験を機に2014年からキャリアコンサルティング分野への造詣を深める。2016年にはキャリアコンサルティング技能士2級に合格。同年から国家資格化されたキャリアコンサルタントとして登録した。

現在はキャリアコンサルタント事業を展開する「キャリコンシーオー」にて合格講座を運営。学生への就職サポート、企業内や企業外のキャリアコンサルティングなども行い、これまでに1万件を超える相談実績がある。また、厚生労働大臣認定のキャリアコンサルタント養成講習、厚生労働大臣指定の更新講習も開講、運営している。

- ・2級キャリアコンサルティング技能士（国家資格）
- ・国家資格キャリアコンサルタント
- ・中学校教諭第一種免許 社会科
- ・高等学校教諭第一種免許 地理歴史科
- ・高等学校教諭第一種免許 公民科
- ・GCS プロフェッショナル認定コーチ
- ・NPO 法人 国際メンターシップ協会認定アソシエートメンター
- ・JNEC ネイリスト技能検定1級
- ・JNA ジェルネイル技能検定 上級

〔執筆協力〕

奥田 裕子
おくだ ひろこ

人事・組織開発のコンサルタントとして数多くの企業の従業員の方たちとかかわる中で、個々人へのキャリア形成支援の必要性を強く実感し、キャリアコンサルティングの世界に関心を寄せるようになる。その後、主に公共の就労支援機関や需給調整機関、職業訓練学校でのキャリアコンサルティングやセミナー講師業務などに従事するとともに、一般のビジネスパーソンに向けたキャリアコンサルティングやコーチングを行う。また、近年ではキャリアコンサルタントの有資格者や資格取得を目指す方たちへのスキルアップや資格取得の支援にも積極的に取り組んでいる。

・1級キャリアコンサルティング技能士（国家資格）
・2級キャリアコンサルティング技能士（国家資格）
・国家資格キャリアコンサルタント
・産業カウンセラー

| キャリアコンサルティングスキル100 | 令和6年11月20日　初版発行
令和7年 6 月10日　初版 2 刷 |

検印省略

著　者　津　田　裕　子
発行者　青　木　鉱　太
編集者　岩　倉　春　光
印刷所　丸井工文社
製本所　国　宝　社

〒 101-0032
東京都千代田区岩本町 1 丁目 2 番 19 号
https://www.horei.co.jp/

（営　業）　TEL　03-6858-6967　　Ｅメール　syuppan@horei.co.jp
（通　販）　TEL　03-6858-6966　　Ｅメール　book.order@horei.co.jp
（編　集）　FAX　03-6858-6957　　Ｅメール　tankoubon@horei.co.jp

（オンラインショップ）　https://www.horei.co.jp/iec/
（お詫びと訂正）　　　　https://www.horei.co.jp/book/owabi.shtml
（書籍の追加情報）　　　https://www.horei.co.jp/book/osirasebook.shtml

※万一、本書の内容に誤記等が判明した場合には、上記「お詫びと訂正」に最新情報を掲載しております。ホームページに掲載されていない内容につきましては、FAX またはＥメールで編集までお問合せください。

・乱丁、落丁本は直接弊社出版部へお送りくださればお取替えいたします。
・**JCOPY** 〈出版者著作権管理機構 委託出版物〉
　本書の無断複製は著作権法上での例外を除き禁じられています。複製される場合は、そのつど事前に、出版者著作権管理機構（電話 03-5244-5088、FAX03-5244-5089、e-mail: info@jcopy.or.jp）の許諾を得てください。また、本書を代行業者等の第三者に依頼してスキャンやデジタル化することは、たとえ個人や家庭内での利用であっても一切認められておりません。

©H.Tsuda 2024. Printed in JAPAN
ISBN 978-4-539-73067-6

関連書籍のご案内

改訂版 キャリアコンサルタント実技試験（論述・面接）にサクッと合格する本

- ●2団体［キャリアコンサルティング協議会・日本キャリア開発協会］の試験に対応！
- ●実技試験（論述・面接）合格のポイントがサクッとわかる！

津田 裕子 著
A5判　312頁　定価2,750円（税込）

キャリアコンサルタント学科試験にサクッと合格する本

楽して合格するためのコツと学習のポイントを1冊にギュッと濃縮！
- ●項目ごとの1問1答で理解度をすぐに確認！
- ●本試験と同じ50問の模擬問題で力試し！

津田裕子 著
仲村 賢・奥田裕子 執筆協力
A5判　360頁　定価2,750円（税込）

お求めは、弊社通信販売係またはお近くの大型書店、Web書店へ。
TEL：03-6858-6966　FAX：03-6858-6968　e-mail：book.order@horei.co.jp

関連書籍のご案内

２級キャリアコンサルティング技能士実技試験（論述・面接）にサクッと合格する本

合格のカギは「実技試験」にアリ！

津田裕子 著

奥田裕子 執筆協力

A5判　304ページ　定価3,190円（税込）

２級キャリアコンサルティング技能士学科試験にサクッと合格する本

基礎知識⇒２級合格レベルに引き上げるためのコツ！

津田裕子 著

奥田裕子 執筆協力

A5判　248ページ　定価2,860円（税込）

お求めは、弊社通信販売係またはお近くの大型書店、Web 書店へ。
TEL：03-6858-6966　FAX：03-6858-6968　e-mail：book.order@horei.co.jp